Der Ginsterberg

für
Dorothea und Michele

Hans Dieter Eheim

Der Ginsterberg

Leben in Sant'Angelo d'Ischia

Mit 18 Abbildungen

Bibliografische Information der Deutschen Bibliothek:
Die Deutsche Bibliothek verzeichnet diese Publikation in der Deutschen Nationalbibliografie; detaillierte Daten sind im Internet über <http://dnb.ddb.de> abrufbar.

Das Buch ist inzwischen auch in einer italienischen Ausgabe erschienen: La torre delle ginestre. Vita a Sant' Angelo d' Ischia. Verlag Imagaenaria Ischia, Ischia Ponte, 2006

Herstellung und Verlag: Books on Demand GmbH, Norderstedt
ISBN 3-8334-4772-9

Dank

Mein besonderer Dank gilt Dolly Marie Barricelli. In vielen Gesprächen ließ sie mich an ihrem außergewöhnlichen Leben teilhaben. Ihre Offenheit und ihr Vertrauen bleiben mir in Erinnerung.

Danken möchte ich allen, die mir Bilder von Malern zur Verfügung gestellt haben, die früher in Sant'Angelo lebten:

Dr. Stefan Bursche, Berlin (Nachlaß Ernst Bursche), Cäcilia Neujahr-Schoemann, Berlin (Nachlaß Ulrich Neujahr), Barbara Schneider, Sant'Angelo d'Ischia (Nachlaß Karl Schneider) und den Eigentümern vom Hotel Conte, der Casa Sofia und der Bar Ridente im Sant'Angelo.

Ich danke auch Winfried Hilger, St. Peter im Schwarzwald, der die Bilder des Buches fotografiert hat, die sich im Besitz von Familien in Sant'Angelo befinden.

Eine wertvolle Hilfe durch ihre persönlichen Erzählungen und schriftlichen Unterlagen waren mir Ursula Iacono, Forio; Salvatore Mattera, Succhivo; Direktion Thermalpark Negombo, Lacco Ameno; Susana Walton, Stiftung William Walton, La Mortella, Forio.

Für die Durchsicht des Manuskripts danke ich Gina Iacono, Sant'Angelo, und Eberhard Franke, Berlin.

Herzlich danken möchte ich schließlich Giovanni Iacono, dem früheren Präsidenten der Nuova Associazione Amici di Sant'Angelo, und Michele Zunta, Inhaber des Hotels Conte. Sie haben die Entwicklung des Buches mit ihrem Rat begleitet.

Inhalt

Begonnen hatte alles…	11
Tage im Frühling	**15**
Neapel – Porto d'Ischia – Sant'Angelo	17
Mein erster Tag – Begegnung mit Malern	19
Lacco Ameno – die Prozession der Santa Restituta	23
In den Giardini Termali Aphrodite Apollon – Filmmusik	24
Sorgeto-Bucht	26
Ein wolkenverhangener Tag – ein schöner Tag	29
Das Thermalbad Negombo	30
Atelierbesuch	32
Terme Cavascura	35
Der Friedhof von San Michele	37
Ischia Ponte – die alte Inselhauptstadt	38
Gast sein in der Casa Garibaldi	39
Vernissage im Castello Aragonese – Wanderung nach Serrara	41
Auf dem Weg zum Epomeo – Il Bracconiere	42
Schreiben auf der Terrasse	44
Capri im Sturm	45
Von der Terme Linda zum Jazz im Apollon	46
Fronleichnamsprozession	49
Königin der Nacht – Bellissima	53
Die Piazza am frühen Morgen – die Apollon-Gärten am späten Abend	54
Ein alter Hanseat – Tanzen und Trauern	56
Abschied von Sant'Angelo	58

Gespräche mit Dolly im späten Winter 75
Karneval in Neapel – auf dem Weg zu Dolly 77
Erster Tag **81**
Sant'Angelo – so fing es 1954 an 83
Drei Orte voller Magie 89
Blicke über ein winterliches Meer 94
Kartenspieler in der Bar del Ponte –
Lärm und plötzlicher Aufbruch 97
Zweiter Tag **99**
Dollys Leben vor Sant'Angelo 100
Neubeginn auf Ischia 104
Traubenverkäuferinnen am Maronti-Strand 113
Der letzte Maultierführer 116
Dritter Tag **119**
Dollys Hochzeit – standesamtlich 119
Carnevale in Sant'Angelo 122
Vierter Tag **124**
Via Madonnella 124
Dollys Gäste 125
Ein Paar in Rot und Weiß 131
Aschermittwoch – nächtliche Kühle 132
Fünfter Tag **134**
Werner Gilles – ein Leben am Torre 134
Artischocken im Sand – Begegnungen mit
Ernst Bursche 137
Auf dem Höhenweg zum Maronti-Strand 142
Alle sind versammelt 143
Sechster Tag **146**
Menschen im Süden 148
Totenglocke und Nachtwind 156
Tiefe Dunkelheit 157
Siebter Tag **160**
Kirchliche Hochzeit 163

Das Fest von Don Vincenzo 165
Achter Tag **168**
Bella figura 169
Erneut auf den Felsen vor Il Girasole 171
Sonst bleibt man ein Fremder 172
Die Helden sind müde 179

Tage im Herbst **181**
Das andere Licht 183
Wiedersehen mit Dolly 185
Das Fest von San Michele 187
Tag der Stille 191
Die Ecke am Ridente 195
Gewittersturm 197
Der Herbst kündigt sich an 199
Aniello, der Fischer 201
Malerisches Forio 202
Helden der Berge – nächtliche Begegnung 204
Beim Masseur und Da Peppino 207
Rückkehr des Sommers – das Parco Termale Tropical 210
Mein alter Freund 211
La Mortella 213
Halme im Nachtwind 216

Anhang
Anmerkungen 1-17 218
Kurzbiographien der Maler 222
Verzeichnis der Bilder 224

Begonnen hatte alles…

mit Tagebuchnotizen vor vielen Jahren. Auf Reisen in Mittelmeerländer hielt ich meine Erlebnisse fest: Überfahrten zu Inseln, Wanderungen in einsame Bergdörfer, Prozessionen und Feste in Klöstern, Musik und Tänze der Bauern und Fischer. Das Leben auf den Inseln, das Licht, die Farben faszinierten mich immer von neuem.

Vor mehr als zwanzig Jahren lernte ich die Insel Ischia im Golf von Neapel kennen. Bis heute bin ich häufiger Gast in Sant'Angelo, weil ich Sehnsucht habe nach Licht und Stille, nach dem Rauschen des Meeres, nach den Winden. Sehnsucht nach Menschen, in deren Gesichtern ich Ruhe und Wärme finden kann. Und so viel Leben ist mir begegnet: Lachen und Trauer, Freude und Melancholie – ein Reichtum, der mich immer wieder überwältigt, der mich glücklich macht.

Auch hier halte ich meine Eindrücke zunächst in kleinen Notizbüchern fest, um sie später für Erzählungen zu verwenden. Am Abend sitze ich oft auf der Piazza oder bis tief in die Nacht unter einem Oleanderbusch auf der Terrasse meiner Pension. Ich schreibe über sonnendurchflutete Fahrten mit dem Schiff von Neapel nach Porto d'Ischia, meine ersten Blicke hinab auf Sant'Angelo, meine Ankunft im Dorf. Über stille Stunden in den Bergen, unter duftenden Pinien, inmitten von wehendem Gras. Über die Fischer mit ihren ernsten, melancholischen Augen, die Kartenspieler, einen allgegenwärtigen, kleinen Mann aus den Weinbergen. Ich schreibe über die wechselnden Jahreszeiten auf der Insel. Auch Geschichten von den letzten Maultierführern und von Malern, die hier gelebt haben.

Zunächst waren es Aufzeichnungen für mich selbst – bis ich eines Tages eine Frau kennenlernte, die mir aus ihrem Leben in Sant'Angelo erzählte. Sie erinnerte sich an das »Wasserschiff« aus Neapel, das die Einheimischen während der heißen Sommermonate sehnsüchtig erwarteten. Sie sprach von ihrer Ankunft auf der Insel vor einem halben Jahrhundert, von ihrer Heirat mit einem Seemann des Dorfes, von ihren Begegnungen mit Künstlern, von Fischern, die immer barfuß liefen, vom Leben und Tod der Menschen.

Die Erzählungen der Frau berührten und bewegten mich. Viel mehr noch wollte ich von ihr erfahren. Und am Ende einer unvergeßlichen Woche mit ihr im beginnenden Frühjahr 1998 entstand die Idee für dieses Buch. Unterschiedliche Erlebnisse, Eindrücke und Sichtweisen von Sant'Angelo und seinen Menschen sollten darin vorkommen: die erste Reise dieser Frau auf die Insel vor fünfzig Jahren, ihr Leben in Sant'Angelo seitdem – und meine eigenen Erfahrungen in dem Dorf und auf Ischia bis heute.

Erzählt wird daher die ungewöhnliche Lebensgeschichte von Dolly Barricelli, einer inzwischen über neunzigjährigen Deutschen, die Anfang der fünfziger Jahre als Touristin nach Ischia reiste und aus Liebe blieb. Die eine Pension aufbaute – bald Treffpunkt für Gäste aus vielen Ländern, vor allem für Maler. Während eines Besuches Ende Februar 1998 schilderte sie mir ihr Leben, wiedergegeben in »Gespräche mit Dolly im späten Winter«. Eingebettet ist ihre Geschichte in meine Reisenotizen von 1992 »Tage im Frühling« und von 1998 »Tage im Herbst«. Beschrieben werden Erlebnisse mit den Menschen von Sant'Angelo in der beeindruckenden Natur der Insel. Ein markanter Bergkegel, an dessen Hängen im Frühling der Ginster blüht, gerät dabei immer wieder in den Blick: Die Einheimischen nennen ihn »Torre«. Besuche im Winter zeigen ein Dorf ohne Touristen, mit dem Rhythmus der ein- und auslaufenden Boote der Fischer.

Aus den Aufzeichnungen wurde schließlich eine Reise durch ein halbes Jahrhundert. Vergangene Zeiten von Sant'Angelo – einst ein Dorf von Fischern – werden erlebbar.

Eine kleine Welt, bei allem Wandel noch immer voller Magie.

Und voller Zauber, der mich schon bei meinem ersten Besuch von Ischia umfing. Vielfältige Vorstellungen und Hoffnungen erfüllten mich, als ich 1982 Ende September in Neapel ankam. Glühende Hitze lag über der Stadt. Der Sommer war dabei, sich mit einem Feuerwerk zu verabschieden. Die Polizisten hatten ihre schneeweißen Sommeruniformen bereits abgelegt. Vom letzten Schirokko hatte sich rötlicher Staub über Häuser und Plätze gebreitet. Die hektische Fahrt im Taxi ging durch alte Viertel Neapels. Über den Corso Umberto, vorbei an der Universität und an Obst- und Gemüsemärkten. Vorbei an Los- und Zigarettenverkäufern, an fliegenden Händlern, die in stoischer Ruhe vor ihrem Warenangebot auf dem Bürgersteig kauerten. Vorbei an Wäsche im Wind der engen Gassen. Schließlich wurde Molo Beverello, der Hafen von Neapel, erreicht, wo ein altes, an allen Enden rostendes Schiff auf die Überfahrt wartete.

Ankunft in Porto d'Ischia – eine mediterrane Kostbarkeit, die mich träumen machte. Eine wilde Fahrt über die Berge. Endlich ein erster Blick hinab zu dem Ort, an dem ich ankommen wollte. Das Meer und von Macchia überwucherte Hänge und das Rot und Gelb und Braun und Blau der Häuser leuchteten mir entgegen. Farben mit allen Spuren eines langen Sommers. Felsen über dunklen, längst verblühten Ginsterbüschen. Kubische Häuser, an Steilhänge gebaut. Farben, die zu schweben schienen.

Dies alles sah ich, fühlte ich, als der Bus den atemberaubenden Kurven der Straßen folgte: hoch hinauf in die Berge, wieder hinab zu dem tief unten liegenden Ort, den ich nicht kannte. Alles war fremd für mich, heiß und ungewohnt. Es roch nach Meer, nach Fisch. Nach Blüten, die leer und müde waren. Es roch nach Abschied. Und schwarz-drohendes Unwetter ballte sich zusammen – weit draußen über dem Meer.

Als ich am Abend von dem höhergelegenen Succhivo in das Dorf hinabging – nach dem ersten Gewitter, das einen langen, heißen Sommer jäh beendet hatte, flimmerten Leuchtkäfer aus Büschen und Hängen. Dunkel war der alte Maultierpfad und noch von triefender Nässe, gesäumt von sanften Lichtern, die mich nach unten begleiteten. Zu einem Ort der Winde, der ausgewaschenen Farben. Mit Menschen, die über die Plätze gingen mit dunkler, von der Sonne verbrannter Haut. Mit suchenden Blicken weit über das Meer. Ihr Meer.

So hatte vor vielen Jahren alles angefangen. Ein Dorf mit dem schönen Namen Sant'Angelo wollte ich besuchen. Ich wollte erfahren, ob es mir dort gefallen würde, nicht nur für acht Tage. Auch, ob ich dort zu mir finden könnte. Und ich wurde Gast in dem »Ort des Erzengels Michael«. Viele Male erlebte ich den Zauber des Ankommens: Loslassen können, sich entfernen von vermeintlich Wichtigem. Sich zurücklehnen, um Abstand zu gewinnen. Ruhe suchen. Stille ertragen. Die Augen ganz weit öffnen, um Farben zu sehen, das Licht über dem Meer. Gerüche wahrnehmen aus allen Winkeln des Dorfes und der Natur ringsum. Es bedeutet, jene Stille zu atmen, die atemlos macht.

Berlin, Sant'Angelo, im April 2006

Tage im Frühling

Neapel – Porto d'Ischia – Sant'Angelo

16. Mai

Ein äußerst ruppiger, beunruhigender Landeanflug auf den Flughafen von Neapel. Die Stadt bei fast 30 Grad Wärme und gewittriger Wetterlage um den Vesuv. Harte Verhandlungen mit dem Taxifahrer über den Fahrpreis zum Hafen Molo Beverello – wie schon 10 Jahre zuvor bei meiner ersten Reise auf die Insel ein unerfreulicher Auftakt. Eine halsbrecherische Fahrt durch das chaotische Neapel, um das Traghetto, die Autofähre, um 15.30 Uhr nach Ischia zu bekommen.

Die Stadt, ihre Küsten versanken langsam in flimmerndem Licht. Die Insel Procida mit ihrer Burg, das pastellfarbene Häusergewirr und üppige Zitronengärten glitten wie ein Traum vorüber. Wie sehr ich es liebe, das allmähliche Näherkommen. Dabei erinnerte ich mich an eine Reise vor vielen Jahren durch das alte Jugoslawien. Als ich, nach Tagen und Nächten durch die weiten Ebenen des Landes, das nördliche Griechenland erreichte und endlich wieder am frühen Morgen in Saloniki, meinem Ziel, Menschen in den Straßen sitzen und Kaffee trinken sah, da fühlte ich: Ich war angekommen. Und nun war es Ischia, das mich empfing.

Die Insel löste sich behutsam aus dem Dunst über dem unruhigen Meer. Das Massiv des Epomeo, die kleinen Dörfer und Villen an den Berghängen, die rosafarbenen Gebäude, der Leuchtturm wurden sichtbar. Nach Südosten hin die gewaltige Festung von Ponte. Was für ein Gefühl, in den Hafen von Porto, einen ehemaligen Kratersee, einzulaufen. Mit seinen alten Fischerhäusern in harmonisch-einheitlichem Stil und einer reichen, mediterranen Vegetation. Auf einem der Hügel die Villa der bekannten Familie Buchner[1]. In einem

Park die ehemalige königliche Residenz, die Villa Reale, in Pompejirot. Pinien und Palmen im Wind. Ein Hauch von Orient.

Nach einer einstündigen Fahrt im Bus über die Insel plötzlich tief unten Sant'Angelo, wie ein Vogelnest an Felsen klebend. Ich kann es kaum erwarten, mein Ziel zu erreichen. Eine letzte Wegstrecke steil hinauf, über die herrlich gelegene Terrasse der Villa Sirena, an der Dorfkirche vorbei. Herzlicher Empfang in meiner Pension, der Casa Garibaldi. Bekannte Gesichter, vertraute Augen. Die Zeit hier scheint stehengeblieben seit meinem letzten Besuch.

Bei zunehmend stürmischem Wetter sitze ich mit alten Freunden in der Glasveranda beisammen. Wir sprechen über das vergangene Jahr. Am Abend gehe ich nach unten zur Piazza. Die steilen Wege sind nichts für Gäste, die in den Thermalbädern auf Gesundung, zumindest Linderung ihrer Leiden hoffen. Bald läßt der Sturm wieder nach. Ein leichter, warmer Wind kommt von Süden. Ein riesiger Vollmond in stumpfem Rot steigt aus dem Meer.

Die Piazza ist klein, am Hafen gelegen, gesäumt von Häusern in wind- und sonnengebleichten Farben. Sie ist fast menschenleer. Nur wenigen Touristen begegne ich, Einzelgängern, die mir sofort vertraut erscheinen. Junge und attraktive italienische Paare, die mit ihren Yachten zum Wochenende von Neapel herübergekommen sind, flanieren über die Mole. Dazu die Einheimischen: die Maultierführer, die kleinen Kaufleute, die Barbesitzer, die Kartenspieler, deren Gesichter sich in meiner Erinnerung tief eingegraben haben. Es sind Gesichter, in denen ich jede Falte, jede Narbe zu kennen glaube. Oft sind sie ernst, immer voller Kraft.

Und ich begegne den Fischern mit ihren zusammengekniffenen Augen gegen die untergehende Sonne. Braune und blaue Jacken über breiten Rücken. Verwaschene Mützen über einem

Labyrinth von Haaren. Arme wie Taue. Hände, schwerlastend auf Fischkisten. Die dunklen, olivfarbenen Augen: beobachtend, auf den entscheidenden Augenblick des Wurfs der Netze, des Zupackens lauernd. Augen, die in die Ferne blicken. Kraftvoll-gebeugte Rücken. Hände, die – weit geöffnet für den einstigen Reichtum des Meeres – nun so oft leere Netze einholen. Nackte Füße, die das Holz alter Boote zu lieben scheinen. Noch immer sitzen die Fischer zwischen ausgebreiteten Netzen. Aber nun warten sie auch auf Touristen, die übergesetzt werden wollen: zur Fumarole, zur Cavascura oder bis an das Ende des Maronti-Strandes mit seinen schwarzen Felsen.

Peppino von der Bar Ridente, in der ich schon so viele Cappuccini, Campari und Vini rosso getrunken habe, begrüßt mich mit Handschlag. Niemals zuvor hat er das getan. Eine außergewöhnliche Geste, die mich berührt.

Mein erster Tag – Begegnung mit Malern

17. Mai

Ein strahlend schöner Morgen. Ich genieße mein erstes Frühstück auf einer großen Terrasse der Pension hoch über dem Meer. Unter einem blühenden Akazienbaum sitze ich, inmitten üppiger, wildwachsender Vegetation: Oleander und Hibiskus mit riesigen Blüten und Margeritenbüsche. Blumen, wohin ich sehe. Weiter Blick bis nach Capri, das wie ein geheimnisvolles Schiff auf den gleißenden Wellen zu segeln scheint.

Luisa, die Tochter der Familie, lächelt, während sie das Frühstück serviert. Frisches Graubrot, köstliche Marmelade aus Orangen und Zitronen, die Signora Giuseppina, das Familienoberhaupt, selbst gekocht hat. Die wenigen anderen Gäste schlafen noch, ich bin alleine. Ein leichter Wind vom Meer scheint die Lichtfülle des Morgens noch zu verstärken. Farben ringsum, die ich nicht beschreiben kann. Wäre mein Wortschatz doch reicher!

Mein erstes Schwimmen in den Thermalbecken des Hauses. Terrassen auf unterschiedlichen Ebenen, offensichtlich nicht nach einem ursprünglich zugrundeliegenden Plan entstanden, sondern herausgewachsen aus der Geschichte einer Familie, von der alle im Dorf mit Hochachtung sprechen.

Später besuche ich Karl Schneider, einen alten Freund. Gebürtiger Berliner, der die »roaring twenties« seiner Geburtsstadt in seinen Lebenserinnerungen festgehalten hat. Früher ein erfolgreicher Architekt und Städteplaner in Hamburg, lebt er seit zwei Jahrzehnten in Sant'Angelo. Passionierter Maler und Pianist, ein Liebhaber des argentinischen Tangos. Er führt diese Liebe auf seinen Bruder zurück, einen Astrophysiker, der in Buenos Aires lebt.

Es war ein kleines bezauberndes Aquarell in der Glasveranda der Casa Garibaldi, das mich vor Jahren auf den Maler neugierig machte. Und einige Tage danach, an einem Frühlingsmorgen, traf ich Karl Schneider in seinem lichterfüllten Atelier. Was ich niemals vergessen werde: seine Wortkargheit, seinen Gleichmut gegenüber möglichen Kaufabsichten; gänzlich desinteressiert schien der große, gutaussehende Mann. Und doch war es der Beginn einer intensiven Freundschaft. In den letzten Jahren haben wir oft bis tief in die Nacht Musik gehört, über »Gott und die Welt« diskutiert. Gemeinsam auf das Meer hinaus geschwiegen, gelegentlich auch ziemlich viel Wein getrunken.

Zusammen mit seiner Frau Barbara und ihrem Sohn Christian bewohnt mein Freund ein einzigartiges Haus an einem Steilhang über der Therme Aphrodite Apollon. Ein Haus, gebaut nach eigenen Entwürfen, orientiert an altem, ischitanischen Baustil: mit dicken, schützenden Mauern aus Tuffstein, mit Kuppeln und Bögen und gewölbten Decken, die ein Gefühl spannungsvoller Ausgewogenheit entstehen lassen. Ein Haus mit Terrassen auf mehreren Ebenen, miteinander verbunden durch eine elegant geschwungene Treppe.

Um die Mittagszeit mache ich eine Wanderung bis zum Ende des Maronti-Strandes. Nach Jahren ist er endlich wieder in ganzer Länge begehbar, auch unter den Felsen zwischen der dampfenden Fumarole und der Schlucht der Cavascura. Die Frühjahrsstürme haben den von allen ersehnten Sand zurückgebracht. Braunviolett ist seine Farbe. Eine Besonderheit der weiten Bucht: Holzbuden aus Balken und Brettern, sehr einfache Konstruktionen, auf Stelzen gebaut, um gegen die Unwetter im Winter und Frühjahr geschützt zu sein. Ich esse schmackhaftes *antipasto* mit großen Oliven, trinke ein Glas trockenen Weißwein von den Hängen der Insel. Die Gischt der Wellen weht bis an den Tisch. Die Luft ist voller Salz. Alles hüllt mich ein an diesem ersten Tag.

Am Abend köstliche Pasta im Da Peppino, einem Fischrestaurant dicht am »Torre«[2] gelegen, dem vor dem Hafen steil aufragenden, gewaltigen Felsen mit wechselvoller Geschichte. Der Bergkegel ist fast gänzlich bedeckt mit gelb leuchtendem Ginster. Am Fuß des Torre ist alles verwinkelt und schief, über die Jahre gewachsen. Warmherzige Begrüßung durch Teresa, die Wirtin. Eine Süditalienerin von unglaublicher Wendigkeit und Kraft. Schwarze, zupackende Augen. Nach einem Jahr weiß sie noch genau, daß ich »Spaghetti al Peppino« essen möchte. Mit frischen Tomaten und scharfen Gewürzen, mit Knoblauch und Pepperoni. Wunderbar.

Unvermittelt denke ich an eine Malerin, der ich während meiner ersten Jahre in Sant'Angelo im Herbst hier oft begegnet bin. Aufgewühltes Meer und zerstäubende Gischt, durchbrochen von einer Sonne, die schwach zu werden begann – und eine Frau saß in der äußersten, dem Meer und seinen Stürmen abgewandten Ecke des Restaurants am Hafen. Damals war es noch ein kleines, sehr einfaches Lokal, schutzsuchend an die alten Gemäuer um den Torre gelehnt. Warm blieb es allein in dem Raum um die Küche. Sonst waren Offenheit und Weite nach Osten wie nach Westen, umströmt von Wind und Meer. Nach Westen vor allem, zur tosenden See hin, ihrer hereinwehenden Kälte und dem Licht der tiefstehenden Sonne.

An diesem Ort also pflegte jene Frau zu sitzen – eingehüllt in mehrere Schichten von Wolle, darüber eine Jacke in leuchtendem Orange –, an der salzverkrusteten Wand aus Holz und Plastikfolie. Ihre Hände hielt sie sorgsam beisammen, auf das bestellte Abendessen wartend. Sie saß meist mit geschlossenen Augen, das tiefgebräunte, altersschöne Gesicht gegen das Anrollen der See gewandt. Gegen eine Sonne, die noch immer Kraft verströmte. Geschlossene Augen einer Malerin, die, wie ich erfuhr, langsam zu erblinden drohte. Die nur noch Wärme suchte, so wollte mir scheinen – inmitten von Gischt und letzten Sonnenkaskaden.

Während ich wieder nach oben zur Casa Garibaldi gehe, steht ein honiggelber Mond am Himmel. Das Meer wird in breiten Bahnen von seinem Licht übergossen. Bis tief in die Nacht sitze ich noch auf der Terrasse, blicke nach Capri, dem »funkelnden Wunder«. Ich sehe die Boote, die in der weiten Bucht liegen, sehe Fischer Netze und Reusen im Schein ihrer Lampen an Bord ziehen.

Für Augenblicke habe ich das Gefühl, wieder angekommen zu sein. Mich lösen zu können von meiner Stadt im Norden. Von einem langen, grauen Winter.

Lacco Ameno – die Prozession der Santa Restituta

18. Mai

Meine Anwendungen, Fango und Massagen, in der Terme Linda, die zu den Aphrodite-Apollon-Gärten gehört, beginnen. Giovanni, der »Chef«, will wissen, was mein Tennisarm macht. Er ist etwa dreißig. Nicht allzu groß, schlank, drahtig, in allem schnell. Mit ausdrucksvollen Augen und scharfem Profil. Während der Massagen singt er häufig mit leiser, einschmeichelnder Stimme neapolitanische Volkslieder oder Arien aus Verdi-Opern. Er massiert intensiv, sehr wirkungsvoll.

Auf den Terrassen der Pension verbringe ich einen ruhigen Tag. Ich lese Prosa von Nikos Kazantzakis und Gedichte von Paul Celan. Ich träume in die Landschaften ringsum – hoch in die Berge, weit übers Meer.

Am frühen Abend nehme ich einen Bus nach Lacco Ameno. Die Santa Restituta wird gefeiert, die Ortsheilige und Inselpatronin. Eine Jungfrau aus nordafrikanischen Landen soll sie gewesen sein. Eine im 3. Jahrhundert zu vierfachem Tod verurteilte Christin. Auf einem Boot soll der Leichnam der gemarterten Heiligen dann in der Bucht von San Montano gestrandet sein. So will man es glauben und ihre Ankunft festlich begehen.

Die Prozession geht durch schmale Sträßchen zwischen Monte Vico und Hafenmole. Der Ort scheint förmlich zu explodieren. Eine Blaskapelle ist allgegenwärtig. Überall krachen Feuerwerkskörper. Frauen und kleine Kinder in weißen Kleidern bewerfen und schmücken die Santa Restituta mit Rosenblättern. Eine Form von volkstümlicher Frömmigkeit: Lachen und Weinen, Stille und Lärm so dicht beieinander. Eine Frömmigkeit, die mir sehr nahe ist. Sie ist voller Menschlichkeit, voller Schwächen.

Sie erinnert mich an Feste der Andalusier während der Osterwoche in Südspanien, der »Semana Santa«. Auch dort ehren sie die durch die Straßen und Gassen der Städte und Dörfer getragenen Heiligen, die Statue des gekreuzigten Christus. Aber so viel inniger begrüßen sie das Abbild der Jungfrau Maria mit liebevollen, oft auch frivolen Liedern.

Schweißüberströmte Männer bringen die Santa Restituta wieder in ihre Kirche zurück. Sich bekreuzigende und betende Menschen, vor allem Frauen, begleiten die dunkelhäutige Heilige auf dem Weg bis zum Ende der Festlichkeiten. Während sie noch inmitten der Gläubigen ruht, tritt – für mich überraschend – ganz plötzlich Verdunkelung ein. Und Augenblicke später, bei wiederaufscheinendem Licht, ist die verehrte Madonna entschwunden. Das Podest mit dem reich geschmückten Baldachin ist leer. Die Menschen von Lacco Ameno klatschen begeistert Beifall ob solcher Wunder.

In den Giardini Termali Aphrodite Apollon – Filmmusik

19. Mai

Blendendes Licht und stürmischer Wind – Eindrücke, wie ich sie auch auf den Kykladen erlebte, die ich vor langer Zeit besuchte. So vieles hier in meiner Pension scheint mir ähnlich wie in ihren Dörfern: die immer neuen Anbauten, Treppen und Terrassen, die weiß gekalkten Wände und Mauern, die Blicke übers Meer.

Dann endlich in den Aphrodite-Thermen! Die Anlage ist in einen Steilhang hineingebaut. Becken von unterschiedlicher Größe, das Wasser mit Temperaturen bis 42°C. Mit Namen aus der griechischen und römischen Mythologie, die Fantasien wecken: Juno und Eros, Venus und Arethusa, Alkmene, Amphitryon, Apollon und Aphrodite. Inmitten von Palmen, von Pinien und Eukalyptusbäumen, von Blumen, deren Namen ich oft nicht kenne. Ein großes Meerwasserbecken, »Neptunus«, dicht an einem Hang, den ein leuchtender Teppich mit Bougainvillea bedeckt. Das Überwältigende an dem Bad: Blicke in eine hoch aufragende, zerklüftete Bergwelt mit schroffen Felswänden und Schluchten und weite Sicht über das Meer, bis zum Ende des Maronti-Strandes, bis nach Capri. Alles ist so nah beisammen – dann wieder so fern auch an manchen Tagen des Lichts.

Am Nachmittag erlebe ich im Café-Restaurant Apollon eine Überraschung. Als ich von den höhergelegen Bädern die Treppen zur Terrasse herunterkomme, spielt ein Pianist »Love is a many splendored thing« aus dem Film »Alle Herrlichkeit auf Erden«. Später die Barmusik aus »Casablanca«. Es ist ein Vergnügen für mich, bei Cappuccino und frischem Mandelkuchen, *caprese*, – seiner Aufforderung folgend – aus unterschiedlichen Filmen die Leitmelodie zu wünschen. Alles, so scheint es, kann er spielen. Wie ich erfahre, studiert er Musik an einer der Hochschulen in Neapel. Ein sympathischer Bursche. Mit seiner wallenden Haarpracht dem jungen Gustav Mahler ähnlich, blickt er über sein altmodisch-hohes Klavier, um vertraute Gäste mit einem Lächeln zu begrüßen.

Nach meinem Besuch der Aphrodite-Thermen gehe ich noch den Maronti-Strand entlang bis zur Olmitello-Schlucht mit ihrem heilbringenden Wasser. Dabei habe ich eine unerwartete Begegnung mit einem etwa vierzig Jahre alten Einheimischen. Er galt vor Jahren hier als attraktivster Mann, mit bewegter Lebensgeschichte. Nun ist er gezeichnet von einer schweren Krankheit. Er spricht voller Wehmut von alten Zeiten, während er mit müden Augen über das Meer blickt. Nachdenklich gehe ich zu meiner Pension zurück. Leben und Tod, wie nah beieinander können sie liegen.

Mit einem Mal ein düsterer Abend, mit Wolkenwänden vor

Serrara und Testaccio. Schwere Regentropfen, dann Schauer, der Wind heult – eine Stimmung, die ich gleichermaßen liebe.

Sorgeto-Bucht

20. Mai

Wieder in der Terme Linda. Ich liege in Naturfango, glühendheiß, den ganzen Körper ergreifend, brennend. Ein junger Italiener kommt mehrmals in meine Kabine. Er scheint besorgt, denn er fragt: »Alles Gute?« – seine Übersetzung von »tutto bene?«. Die Fangomassen spritzt er anschließend ab, befreit mich davon mit großer Behutsamkeit und Sorgfalt. Dann hüllt er mich in Leinentücher. Schwebendes Ausruhen auf Liegen in einem antik anmutenden Raum. Erfrischende Kühle.

Heute erlebe ich die Massage noch intensiver, noch zupakkender. Giovanni erklärt mir, niemals in derselben Weise zu massieren. Er versucht sich jedes Mal, so sagt er, in den Körper, die Befindlichkeit seines Patienten einzufühlen.

Gegen Mittag wird das Licht hell. Ich wandere zur Sorgeto-Bucht nahe Panza, zwischen Capo Negro und Punta di Chiarito gelegen. Sie ist tief eingeschnitten zwischen Bergen, die von Macchia und Euphorbienbüschen bedeckt sind. Diese Bucht ist etwas Besonderes: Das glühendheiße Thermalwasser dringt direkt aus dem Meeresboden nach oben. Ich suche mir eine Mulde zwischen den Felsbrocken. Unablässig muß ich das Thermal- und Meerwasser mischen, um nicht verbrüht zu werden. Ein ganz besonderes Vergnügen, das bestimmte Einheimische und Gäste anzieht. Nichts für den normalen Touristen. Die Gespräche zwischen den »Kuhlenrobben« sind oft sehr amüsant. Wildfremde Menschen teilen sich plötzlich mit. Es entstehen angeregte Unterhaltungen. Sehr dicht, sehr offen.

Von dieser wilden Bucht mit ihrem einzigartigen Thermalwasser erzählen sich Einheimische wahre Wunderdinge. So berichten sie von einem Mann, der in den Bergen lebte. Nahezu gelähmt war er. Eingehüllt in Leinentücher hat seine Familie ihn über die steilen Treppen immer wieder zu den heißen Wassern hinabgetragen. Und dann geschah das Wunder: Der Mann konnte wieder gehen.

Beim Verlassen der Sorgeto-Bucht glühen die Berge schwarzbraun und violettbraun nach. Umgeben von Weingärten und Obstplantagen, gehe ich an riesigen Feigenkakteen mit roten und weißen Blüten vorbei, an gelben Margeritensträuchern, eingebettet in Bambusstauden und Ginsterbüsche. Vieles wächst wild hier, ist noch unberührte Natur. Aber Bauplätze für Hotelanlagen und Feriensiedlungen sind bereits abgesteckt.

Ernst Bursche. Bauer, 1969, Kreidezeichnung

Ein wolkenverhangener Tag – ein schöner Tag

21. Mai

Bei dunklen Wolken um den Epomeo und das Bergdorf Serrara mache ich einen Ausflug mit einem Maler, der in Bregenz lebt. Wir besuchen eine sehr alte Thermalquelle, wohl die erste überhaupt auf der Insel: Cartaromana, südlich von Ponte. Stark eisenhaltig ist das Wasser, direkt aus dem Meersand herausströmend. Eine ursprünglich gebliebene Bucht, die wir erleben. Nur eine einsam gelegene Osteria, in den Tuffstein gehauen. Wir lachen und trinken viel.

Auf dem Weg zurück nehmen wir eine Brotzeit bei einem Bauern, inmitten von Wiesen mit rotglühendem Mohn. Der Blick geht weit über den Golf von Neapel, hinüber nach Procida, nach Capri, zum Vesuv.

Mit Freunden treffe ich mich am Abend in meiner Pension. Wir sprechen lange über mögliche Zusammenhänge zwischen Krankheit und Kunst. Den Maler aus Bregenz, der später dazukommt, interessieren eher Verbindungen zwischen Kunst und Liebe. Unsere Überlegungen kreisen immer wieder um schwierige Fragen: Was bringt Menschen zusammen, was trennt sie? Welche Rolle spielt die Freiheit des Einzelnen? Kann es dabei überhaupt Grenzen geben, wenn man wirklich wahrhaftig zu sich selbst sein will? Und welche Bedeutung hat das Vertrauen zwischen dem anderen und mir? Können sich Freiheit und Vertrauen gegenseitig begrenzen? Ich meine: Die persönliche Freiheit endet, wo ich die Selbstachtung des anderen und sein Vertrauen in mich verletze.

Das Thermalbad Negombo

23. Mai

Ein frühsommerlicher Morgen. Ich fahre noch einmal nach Lacco Ameno, dem ältesten Ort der Insel. Mit seinen luxuriösen Thermen und Hotels: dem Albergo della Regina Isabella, das an vergangene Zeiten erinnert, sowie den auf dem Monte Vico und einer Felsklippe gelegenen Hotels San Montano und Mezzatorre. Mit Quellen, die angeblich die höchste Radioaktivität der Insel besitzen.

Nach einem Bummel durch verwinkelte Viertel entlang der Hauptstraße verbringe ich den Tag im Thermalbad Negombo. Eine elegante Anlage, so ganz anders als die Therme Aphrodite Apollon. Direkt an einer weitgeschwungenen Bucht unterhalb des Monte Vico gelegen, ist Negombo an beiden Seiten von Felsen gesäumt. Hier soll die bereits erwähnte Santa Restituta, eine dunkelhäutige Heilige aus Algerien, eingebettet in Lilien, an Land gespült worden sein. Das Bad ist bevorzugtes Ziel von wohlhabenden Italienern aus Rom, Florenz und Mailand. Deutsche treffe ich kaum. Alles wirkt sehr italienisch.

Von Paolo Fulcerei Camerini, dem Eigentümer, erfahre ich die Geschichte der Anlage. Dessen Vater Luigi Silvestro Camerini, Herzog aus alter italienischer Familie in Padua, führte seine Leidenschaft für Landschaft und Flora in die Bucht von San Montano. Ihre überraschende Ähnlichkeit mit einer exotischen Bucht im fernen Ceylon, von Negombo, die er auf einer Reise dort entdeckt hatte, war 1946 Beginn einer beeindruckenden Entwicklung. Vater und Sohn zur Seite stand ein sensibler, fantasievoller Gartenarchitekt, Ermanno Casasco. Gemeinsam wollten sie einen Garten schaffen in der Tradition einer mehr als tausendjährigen Bauernkultur der Region.

Mit Pflanzen und Blumen aus vielen Ländern – aus Australien und Südafrika, aus Brasilien und den Ländern rund um das Mittelmeer – begannen sie die Therme zu schmücken. Eine besondere Blume, die bereits im 15. Jahrhundert bekannt war, fand der Herzog an einem Strand bei Neapel. Eine andere, Impomoea Imperati, entdeckte er in der Bucht von San Montano.

Ich gehe über Terrakottaböden. Breite, sich elegant verjüngende Treppen verbinden die verschiedenen Ebenen des Bades, vorbei an Wasserfällen und Tuffsteingrotten, bis hoch zu den steilen Berghängen. Thermalbecken, in Travertin gefaßt, sind ausgelegt mit türkisfarbenen Mosaiksteinen. Im Zentrum leuchtet ein großes Meerwasserbecken. Von dort führen Treppen hinab zum Meer, zu einer Bucht, die in ihrer sanften Schönheit keinen Vergleich zu scheuen braucht.

Nirgendwo sonst auf Ischia habe ich bisher so viele Palmen gesehen. So viele seltene Bäume, Sträucher und Blumen in großer Vielfalt. Und die Natursteinmauern. Die Duschen sind kleine Kunstwerke aus geschmiedetem Eisen, umrankt von Rosen, von Efeu und Glockenblumen in Weiß und Blau. In den Thermalbecken zu schwimmen – welch ein Blick übers Meer, hoch zu dem mächtigen Massiv des Epomeo.

Die Eleganz des Ortes und der italienischen Gäste genieße ich in vollen Zügen. Mittags ein reiches Buffet mit Salaten, Gemüsen und Fisch. Campari mit frisch gepreßtem Orangensaft zum Auftakt. Ein köstliches, ausgiebiges Essen. Cappuccino. In einer Hängematte unter reifen Zitronen danach das Rauschen von Bambusstauden um mich, der Duft von Jasmin, der auffrischende Wind vom Meer.

Meine Rückfahrt nach Sant'Angelo unterbreche ich in Forio. Ein altes Städtchen, für lange Zeit, vor allem in den 1950er Jahren, der bevorzugte Aufenthaltsort für viele Künstler. Von der exponiert gelegenen Chiesa di Santa Maria del Soccorso blicke ich auf eine blaßfahl untergehende Sonne. Die Seefahrerkirche mit einem eindrucksvoll einfachen Renaissancetor aus dunklem Vulkangestein. Viele Bilder mit Heiligenmotiven und Majolica-Tafeln in kostbaren Farben schmücken den weißen Innenraum. Ihr »Kreuz der Wunder« wurde um 1500 nach einem Wirbelsturm in Felsenklippen unterhalb der Kirche gefunden. Soccorso ist der Schutzheiligen aller Fischer Forios geweiht. Von ihrer Terrasse sind bei Sonnenuntergang zuweilen grüne Lichtreflexe, der »grüne Strahl« der Sonne, zu sehen.

Was für ein erfüllter Tag im Hydrothermalpark Negombo! Und dennoch frage ich mich – nach einer anstrengenden Fahrt im überfüllten Bus wieder zurück in Sant'Angelo, auf der Piazza sitzend – warum ich das Dorf heute überhaupt verlassen habe. Ich fühle mich so geborgen in dieser kleinen, geschlossenen Welt.

Bis tief in die Nacht noch am Maronti-Strand. Ich liege im warmen Sand. Völlige Stille um mich. Sterne. Das schwarze Meer. Meine Gedanken. Meine Träume.

Atelierbesuch

24. Mai

Gegen Mittag bin ich wieder bei Karl Schneider. Wir ziehen uns in sein Atelier zurück, um Musik aus Peru, Bolivien und Ecuador zu hören. Sein Atelier war früher auch ein Ort für besondere Feste. Noch vor wenigen Jahren haben wir hier, nach einem langen köstlichen Abendessen, gemeinsam mit Freunden die letzte Klaviersonate von Beethoven erlebt. Gespielt von Arturo Benedetti Michelangeli, dem großen italienischen Pianisten. Nun scheint der Raum seltsam leer, doch Karls Bilder schmücken die Wände.

Während wir Musik hören, gehen unsere Blicke über hohes, silbernes Gras, über Bambusstauden, über das zerfließende, ruhige Meer. Capri ist zu sehen. Unvermittelt steht Karl auf, und er beginnt, nach den Gesängen der Indios zu tanzen.

Lange Stunden verbringe ich an den dampfenden Felsen der Fumarole. Die Luft ist weich und warm. Alles betört die Sinne. Und noch immer höre und fühle ich die Musik jener alten, indianischen Kulturen.

Nach Sonnenuntergang zu Lo Scoglio, einer Art Höhlenrestaurant an der Uferstraße Chiaia di Rose. Hineingebaut in Felsen, am Ausgang von Sant'Angelo gelegen. Früher, noch nicht so geschützt, schlug die Brandung an manchen Abenden über die Tische. Schwemmte die Spaghettiteller davon. Und alle waren glücklich. Ich bestelle geröstetes Brot mit Knoblauch und Tomaten, Spaghetti mit Venusmuscheln; danach Seehecht und gemischten Salat. Ernesto, der Wirt, schaut huldvoll in die Runde.

Ernst Bursche. Pietro-Paolo Stalino, 1967, Wirt der Taverne „Stalino“ in der Cavascura, Kreidezeichnung

Terme Cavascura [3]

25. Mai

Der Maronti-Strand zieht mich in diesen Tagen magisch an. Kurz nach Sonnenaufgang mache ich eine lange Wanderung zu den Felsen an seinem Ende, den so genannten Energiefelsen. Sie glühen violettbraun und zartrosa auf. Völlige Einsamkeit. Ein leichter, warmer Wind. Fischerboote in der Bucht. Ich liege lange im Sand der Fumarole, umgeben von Schwefeldämpfen. Alles hier ist radonhaltig. Gäste lassen sich eingraben in den heißen Sand, vor allem zur Heilung von rheumatischen Erkrankungen. Im Winter suchen auch Einheimische diesen Ort auf.

Beim Frühstück auf der Terrasse – Capri liegt völlig im Dunst – gerate ich mit einer Journalistin in ein Gespräch über das Alleinsein, über Gefühle von Einsamkeit und Chancen zu Kreativität. Wir verabreden uns für den nächsten Tag zu einer Wanderung auf den Epomeo.

Während der Siesta gehe ich in glühendheißer Sonne auf dem Höhenweg zu den Thermalbädern der Cavascura, bekannt seit den Zeiten der griechischen Kolonisierung der Insel. Vielgerühmt von antiken Schriftstellern, verehrt von Römern, wie die in ihrer Nähe errichteten Tempel für Jupiter, Apollon und andere Götter zeigten. Geliebt und geschätzt von italienischen Adelshäusern des Mittelalters. Über ein Jahrhundert in Vergessenheit geraten und vor allem als Folge der medizinischen Abhandlung eines ischitanischen Arztes wiederentdeckt. Im 18. Jahrhundert unter Erdmassen begraben und von General Corafà, dem Vizekönig in Palermo, der Ischia liebte, wiederhergestellt. Um danach Hoffnung und Ziel von Menschen aus vielen Ländern Europas zu werden, die durch die Quelle Heilung suchten.

In einer tief eingeschnittenen, wilden Schlucht folge ich einem kleinen Bach. Am Ende der aufragenden Wände aus Tuffstein erreiche ich die alten, in die Felsen eingehauenen Bäder. Grotten, die an griechisch-römische Zeiten denken lassen. Becken mit Thermalwasser bis zu 80°C. Petrelle genannt, ist es sehr stark. Von einem großen Felsbassin aus werden die einzelnen Wannen mit dem Wasser gespeist. Über ein System von Zu- und Abflüssen, vermutlich Jahrhunderte alt.

Alles ist einfach, im Grunde primitiv. Wenige Menschen, die hierher finden. Ein leichter Wind vom Meer. Eine Stille, die zur Ruhe kommen läßt.

In der Felsenwanne liegend, den Kopf auf einem großen Kieselstein, geht der Blick über ein gewachstes Leinentuch hinweg zu dem Steilhang gegenüber. Ginsterbüsche und Euphorbien; aufblühende Kakteen und Bergwiesen. Schmetterlinge. Vögel. Tiefblauer Himmel. Eine dampferfüllte Grotte als Sauna. Die Ströme von Hitze und Feuchtigkeit kommen aus der Tiefe der Erde. Ich fühle mich wie auf Wolken, ich schwebe. Ich träume mit offenen Augen in die ginsterbedeckten Hänge hinein.

Bei der Rückkehr werde ich am Ausgang der Schlucht vor der Taverna von Pietro Paolo »Stalino« auf anrührende Weise begrüßt. Auf einer hellbeigen Tafel in roter und blauer Schrift lese ich: »Na! Kommen Sie Endlich? Sie bereüen es nicht! Weine und Kuchen Prima!« Ich esse frische, gegrillte Sardinen, trinke ein Glas Vino bianco, leicht und würzig.

Von der Dachterrasse meiner Pension aus beobachte ich am Abend schwere Gewitter, die um die Insel toben. Sie beginnen über der amalfitanischen Küste, wandern weiter nach Capri, hinaus aufs offene Meer, zurück nach Osten, erneut nach Westen. Ein erregendes Schauspiel. Vielleicht werde ich später wieder zum Strand gehen, um die ungestüme Natur am Ende des Frühlings, zu Beginn des frühen Sommers zu erleben.

Der Friedhof von San Michele

27. Mai

Um Mitternacht. Nach meiner Rückkehr vom Ristorante Da Peppino am Torre sitze ich noch lange in einer Nische meiner Lieblingsterrasse unter einem blühenden Oleanderbusch, schreibe, blicke übers dunkle Meer. Teresa sang neapolitanische Volkslieder. Sie lachte, bediente, flirtete mit ihrem Mann Orazio, dem Besitzer und Koch. Was für ein Paar – es ließ mich an die herrlichen, blutvollen Gestalten in der italienischen Commedia dell'arte denken.

Auf dem Weg zur Pension blieb ich einige Minuten auf dem Friedhof neben der Kirche. Ich liebe diesen Ort mit den steinernen Gräbern der Jacono und Mattera, der Di Iorio und Barricelli. Mit den Urnen in den hohen Mauern, unter Kiefern und Palmen. Mit den Ruhestätten der Familien des Dorfes, der wenigen Deutschen, die hier Frieden gefunden haben. Die Gräber sind voller Blumen: Gladiolen und Lilien, Mohn, Margeriten und Ginster, dazwischen ein Wiesenstrauß. Die Luft ist schwer und süß. Woran soll man an solch einem Ort denken – an den Tod, an das Leben?

Der Tag heute war sonnendurchflutet, mit riesigen Wolken über den Bergen. Die Stunden gehörten dem Schwimmen im Meer. Inzwischen wird meine Haut tiefbraun. Wie damals, vor vielen Jahren, als ich im Herbst durch die Kykladen reiste, immer neuen Inseln entgegen. Auch damals ging ich nur noch barfuß, mit Haaren, so verfilzt wie die der Fischer.

Längst Vergangenes, in diesen Tagen erneut Erlebtes: Wo ist der Unterschied? Wo trennen, wo verbinden die Zeiten, die Erinnerungen?

Ischia Ponte – die alte Inselhauptstadt

28. Mai

Ein dunkler Tag. Schwarze Wolken hängen über dem Epomeo. Versehentlich nehme ich einen Bus über die Berge. Wer kennt schon den Unterschied zwischen den Linien CD und CS? Eine unerwartet kalte Luft schlägt mir zwischen Serrara und Barano entgegen. Die Dörfer scheinen so fern vom Meer.

Schließlich komme ich in Ischia Ponte an, der alten, historisch bedeutenden Stadt, noch immer auch ein Ort von Fischern mit ihren Booten und Netzen. Malerische Straßen und Plätze, pastellfarbene Häuserfronten. Eindrucksvolle Kirchen mit reicher Geschichte. Barocke Palazzi – Zeugnisse einer glanzvollen Vergangenheit, teilweise verfallen. Ich fühle tiefes Süditalien. Ponte ist anders als viele Orte auf Ischia, ausgenommen vielleicht Sant'Angelo. Enge Gassen, zwischen den Häusern hängt Wäsche zum Trocknen. Mauern mit tiefen Loggien. Hohe Bögen, die Schutz gegen Sonne und Regen bieten. Und sogenannte Giraffenhals-Treppen, die in obere Stockwerke führen, Häuser und Wohnungen verbinden. Sizilien scheint so nah. Und der Orient. Werkstätten für altes Handwerk besuche ich, auch einige Kunstgalerien. Und dunkle Keller, die den goldenen Epomeowein bergen.

Über allem, alles beherrschend, thront das gewaltige Castello Aragonese. Eine schroffe Felseninsel, mit der Stadt durch einen Damm verbunden. Basaltgestein und das Gestein der Burg sind miteinander verschmolzen, eine scheinbar alterslose Symbiose. In seiner jetzigen Form geht die Burg auf das 15. Jahrhundert zurück, erbaut von Alfons von Aragon. Berühmt wurde sie durch die Fürstin Vittoria Colonna, eine bedeutende Dichterin, und ihren Mann, den Marchese d'Avalos, die hier glanzvoll heirateten. In seiner großen Zeit auch ein Ort von Macht und Geist, war das Kastell ursprünglich ein Schutzort für die gesamte Bevölkerung der Insel. Zu Beginn des 18. Jahrhunderts bot die Felsenburg Zuflucht für fast 2000 Familien von Ischia, beherbergte Kirchen und Klöster. Eindrucksvoll und zugleich unheimlich der Friedhof für Nonnen, die Clarissen, mit ihren Sitzgräbern. Fresken im Stil Giottos in den Katakomben der ehemaligen Kathedrale.

Eine reiche mediterrane Vegetation in den Gärten und kleinen Parkanlagen – mit uralten Olivenhainen, Lorbeer-, Johannisbrot-, Granatäpfel- und Götterbäumen. Vom Café »Il Terrazzo« habe ich am Spätnachmittag einen einzigartigen Blick über den gesamten Golf von Neapel, zum Vesuv in seiner abweisenden, bedrohlichen Größe.

Für morgen abend bin ich zu zwei Vernissagen eingeladen: in eine Galerie in Ponte mit Malern aus Mailand und Florenz sowie zu einer Ausstellung im Castello. Ich bin gespannt auf die Besucher aus Ponte und Porto.

Gast sein in der Casa Garibaldi

29. Mai

In diesen Tagen frage ich mich, was den Zauber meiner Pension ausmacht. Die Lage des Anwesens mag eine Rolle spielen: dies gewachsene, nirgendwo reglementierte oder gradlinig geplante, an jeder Ecke, in jedem Winkel malerische, überall von Weinstöcken und Bambusstauden, von Feigen-, Zitronen-, Aprikosen-, Mimosen- und Olivenbäumen, von Granat- und Kapernbüschen, Hibiskus, Oleander und Jasmin, von vielen Kräutern überwachsene, von den Meerwinden ausgebleichte

Gebilde. Allein die täglichen, stündlich neuen Entdeckungen und Ausblicke können süchtig machen. Man hat das Gefühl, sich »ganz oben« zu befinden. Eine kleine Welt mit so viel Reichtum der Insel.

Aber da ist eben auch die Familie. Signora Giuseppina, die »Mamma«, die unablässig zu arbeiten scheint: in der Küche, vor dem Haus beim Aufhängen oder Zusammenlegen der Wäsche, in den zahllosen Gartenecken, die sie sich ständig neu schafft und liebevoll umsorgt. Mal erlebe ich sie ernst, mal zurückhaltend, mal lächelnd, stets Ruhe ausstrahlend. Wenn ich nur wüßte, wie all die duftenden Kräuter heißen. Manchmal sehe ich ihr bei der Gartenarbeit zu. Die Art und Weise, wie sie mit ihren Händen Pflanzen hegt, erinnert mich an meinen Vater.

Luisa, die Tochter des Hauses, mit viel Herz, aber auch mit schnellem Verstand. Immer scheint sie in Aktion, offen und freundlich, zuweilen sehr ernst. Hilfsbereit bei allen noch so seltsamen Fragen und Wünschen ihrer Gäste. »Kein Problem« ist stets ihre Antwort. Franco, der Sohn, mit dem Patent eines Schiffskapitäns, ist unter anderem für Bäder und Sauna zuständig. Und schließlich Maria, die zweite Tochter, in dem nahen Neapel Jura studierend, die für den Blumenschmuck der Kirche sorgt. Und sich vor allem für die Pflege der Geschichte des Dorfes als Mitglied der »Amici di Sant'Angelo« engagiert.

Eine Familie, die sich niemandem aufdrängt, sich gleichermaßen offen und zurückhaltend zeigt. Verläßlich und diskret. Die das Empfinden großer persönlicher Freiheit für ihre Gäste vermittelt. Und dies ist es wohl auch: Ich fühle mich frei hier, bin mir sicher, mich ganz nach meinen Wünschen und Bedürfnissen verhalten zu können. An keiner Stelle spüre ich Einengungen – bei so vielen Möglichkeiten.

Ein Ort, offen und verschwiegen zugleich. Ein Ort, der durch seine Natürlichkeit und Schlichtheit aufnimmt. Auch ich kann hier zur Ruhe kommen.

Vernissage im Castello Aragonese – Wanderung nach Serrara

30. Mai

Am gestrigen Abend in Ponte. In einer Galerie sah ich eine Ausstellung mit Bildern des in Italien bekannten Malers Claudio Cargiolli. Bilder voller Symbolik und Träume in flimmernden Farben. Mit einer jungen Amerikanerin kam ich ins Gespräch. Wegen einer unglücklichen Liebe war sie auf Europareise. Ihre Interpretation der Bilder gab mir neue Möglichkeiten der Wahrnehmung. Dabei erfuhr ich: Sie ist mit der Familie von Da Peppino am Torre verwandt. Wie sie mir auch erzählte, ist der alte Peppino, von allen geliebt wegen seines Gitarrenspiels und seiner Lieder, gestern gestorben.

Eindrucksvoll danach die Vernissage auf dem Castello. Ein reichhaltiges, fantasievoll gestaltetes Buffet. Außergewöhnlich hübsche Frauen. Die Bilder des Malers und Bildhauers Raffaele Iacono wurden vorzüglich präsentiert. Bögen, Gewölbe und Brüche, wohin ich sah. Über einer Mauer Fluten von Hängegeranien. Blicke von hoch oben hinab in das Herz von Ponte, das voller Menschen war. Umherschlendernd – passeggiando, wie die Italiener sagen –, essend, lachend, liebend. Glückliches Italien.

Durch kaum beleuchtete Straßen, vorbei an Fischerhäusern und Palazzi, zum Teil am Meer entlang, ging ich langsam zur Bushaltestelle in Porto zurück. Als ich in Sant'Angelo ankam, schlief das Dorf. Tiefe Nacht. Ein Sternenhimmel, so weit.

Kurz vor Sonnenaufgang wandere ich heute die Berge hoch nach Serrara. Auf schmalen, oft zugewachsenen Wegen, mit Pflanzen und Blumen in unglaublicher Fülle. Alles ist noch feucht vom Tau. Völlige Stille. Alte Maultierpfade mit Steinplatten, über denen Blumen wuchern. Von Stürmen und schwerem Regen abgebrochene Erdmassen, über die ich klettern muß.

Blühende, duftende Büsche vor einem sanftblauen Himmel. An einem Steilhang eine Agave mit hochgewachsenem Blütenstamm. Verschlossene Holztore zu den Weinkellern der Bauern. Und wieder – nach tief eingeschnittenen Wegen – diese Weite! Blicke von einem unerwartet sich öffnenden Plateau, von einer Wiese in den Bergen mit riesigen Margeritensträuchern und Ginsterbüschen. Blicke in eine Schlucht, über die vielen verwaisten Weinbergterrassen bis nach Panza und Serrara. Und dann der letzte, steilste Teil der Via Andrea Mattera, dicht unter dem Gipfel. Mit Steinplatten, die von den Hufen der Maultiere blankgewetzt sind.

Auf dem Weg hinab zur Piazza verweile ich um die Mittagszeit lange am Eingang zum Friedhof. Der alte Peppino wird zu Grabe getragen. Sein Sohn Orazio steht mit verschlossenem Gesicht dabei. Teresa, dessen Frau, ist sehr ernst und blaß, während die staubige Erde auf den Sarg fällt. Wie der Pfarrer Don Vincenzo mir im Gehen erzählt, soll vor der Abendmesse noch eine Taufe in der Kirche sein. Der Kreis des Lebens schließt sich. Er beginnt von neuem – inmitten von Staub und duftenden Blumen.

Auf dem Weg zum Epomeo – Il Bracconiere

31. Mai

Es ist spät. Auf »meiner« Terrasse trinke ich noch ein Glas von dem trockenen, erdigen Weißwein, den die Familie seit langem von einem Bauern in Panza bezieht. Ein heißer Wind weht vom südlichen Meer her, von Afrika.

Am Nachmittag war ich wieder in den Bergen, kletterte durch schier undurchdringliches Dornengestrüpp der Macchia. Auf fünfhundert Meter Höhe ging ich durch einsame Dörfer, inmitten von Weinbergen gelegen. Blicke in Tuffsteinhöhlen, zur Lagerung des gekelterten Weins in die Felsen hineingetrieben. Ich begegnete überwiegend einfachen Inselbewohnern – fern von dem Treiben, das sich dort unten, in den Küstenorten abspielt. Hier würde ich gerne leben: für Tage, für Wochen, vielleicht auch für Monate. Wie sehr mich ihre Natürlichkeit berührt!

Unter dem Gipfel des Epomeo, dessen weite Hänge zum Teil von dichten Pinien- und Kastanienwäldern bedeckt sind, erreichte ich schließlich Il Bracconiere, eine Trattoria. Alles ist urwüchsig geblieben. Bis vor kurzem konnte man sich an kühlen Abenden im Kamin selbst sein Feuer machen. An diesem Ort erzählte vor Jahren ein Berliner Arzt, den ich seit langem kenne, die Parabel vom Wunschring[4]. Sie berichtet von einem in alter Zeit lebenden Bauern, der zur Belohnung für eine gute Tat einen goldenen Ring gefunden hat. Durch Drehen des Ringes kann er sich einen Wunsch erfüllen. Es ist ein Märchen von der Schwäche der Menschen, ihrer unersättlichen Gier nach Geld und Reichtum. Und es ist die Parabel vom Bauern mit dem Ring, der seiner Versuchung niemals erlegen ist.

Bei Wein und *antipasto* mit vorzüglichem Schinken genoß ich die besondere Atmosphäre der Bracconiere. Tief unten die Sonne, über der Seefahrerkirche von Soccorso. Das Meer glich unablässig davonströmendem Silber.

Während ich dies schreibe, kommt Signora Giuseppina, um den Eingang zur Pension zu verschließen. Dabei denke ich an frühere Wanderungen über den heiligen Berg Athos in Nordgriechenland, als bei Sonnenuntergang die Mönche ihre Klöster schlossen. Mit alten Uhren in den Händen, um den genauen Augenblick des Verriegelns der Tore nicht zu versäumen.

Schreiben auf der Terrasse

1. Juni

Das Haus liegt schon in tiefem Schlaf. Ich bin allein auf der Terrasse. Ich mache mir Notizen, denke über meine Eindrücke von Sant'Angelo nach, seit ich wieder hier bin. Dabei wird mir bewußt: Die Atmosphäre im Dorf beginnt sich zu verändern. Mehr Italiener sind nun anzutreffen, zum Teil sehr kultivierte Gäste. In meiner Pension machen junge Frauen aus Rom und Mailand für einige Tage Urlaub. Elegant sind sie und attraktiv. Was für Augen, was für Hände. Und welch ansteckende Fröhlichkeit! Morgen wollen wir zusammen zur Cavascura wandern. Erstaunlicherweise ist ihnen diese eindrucksvolle Schlucht noch unbekannt. Ich freue mich darauf.

Luisa sah mich mit meinem Schreibblock und hat deshalb das Licht über meinem Tisch in der äußersten Ecke, umgeben von Oleanderbüschen, brennen lassen. Ein weicher Wind, der um Blüten und Blätter streift, der Melodien vom Hotel Romantica herüberweht. Fledermäuse, die Mauern entlang huschen. Ein Hund, der in der Ferne anschlägt. Zikaden, die einen flirrenden Klangteppich über die Nacht ausbreiten.

Schreiben auf der Terrasse: in Düften und Winden und Stille. Es ist eine Stille, die ich trotz des beständig anrollenden Meeres empfinde. Ein Zauber, der öffnet und frei werden läßt.

Inzwischen wird es immer stürmischer, ich kann kaum noch schreiben. Meine Blätter drohen davonzufliegen. Was würde ich dabei verlieren?

Später werde ich noch zur Fumarole gehen. Die Brandung dort ist selbst hier oben zu hören.

Capri im Sturm

2. Juni

Bis zum frühen Morgen lag ich an den Felsen der Fumarole im warmen Sand. War beim Suchen »meines Sterns« eingeschlafen. Inzwischen tobt ein Sturm über die Insel. Das Meer ist weiß von Gischt. Schwere, schaumbekrönte Brecher rollen unablässig auf den Strand, bis zu den Felsen. Über die Terrassen der Hotelanlagen, die vor Jahren in die Berghänge hineingebaut wurden. Die nun mit provisorischen Bretterverschlägen gegen die Wassergewalten geschützt werden müssen.

Der Himmel ist schwarzgrau. Dazwischen immer wieder gelbblaue Wolkenfetzen. Unerwartet erscheint Capri wie eine Fata Morgana am Horizont. Unwirklich, schwebend. Ein Anblick, wie ich ihn so niemals zuvor erleben konnte.

Gegen Mittag beruhigt sich die Natur. In wenigen Minuten tiefblauer Himmel und blendendes Licht. Nach meiner Wanderung mit den jungen Italienerinnen zur Cavascura bleibe ich noch lange am Meer. Weit schwingende Wellen. Der Strand mit braunvioletten Schatten, frischer Wind von Westen. Es riecht nach Tang, als ich zurück zum Dorf gehe. An den Felsen in der Nähe der Fumarole werde ich triefend naß – ich habe das Anrollen der Brandung falsch eingeschätzt.

Wie so oft in den vergangenen Wochen besuche ich nach Sonnenuntergang auf der Piazza Ute Reindl, eine deutsche Malerin, die seit langem hier lebt. Bei gutem Wetter hat sie in der Ecke zwischen Apotheke und einer Mauer unter den Tamarisken ihr kleines Freiluftatelier aufgebaut, mit Bildern von Sant'Angelo und seiner Umgebung. Ich verdanke ihr zauberhafte Aquarelle.

Von der Terme Linda zum Jazz im Apollon

3. Juni

Das Team der Terme Linda ist heute morgen in Hochform. Luigi, der die schweren Fangoeimer schleppt, kommt immer wieder, während ich in das Fango eingebettet bin. Und er fragt fürsorglich »tutto bene?«. Er wischt mir den Schweiß aus den Augen – so rührend von dem bärenstarken Burschen. Dann Giovanni, noch vibrierender vor Temperament und Spannkraft als an den Tagen zuvor. Er singt ununterbrochen. Seine Hände scheinen ein Eigenleben zu führen, während er massiert. Zwischen Rücken- und Armmassage verliert er noch einige Bemerkungen über schwierige Lebensfragen, über Frauen.

Ein langer Tag im Aphrodite Apollon. Ich entdecke immer neue Blumen. Heute habe ich blühende Kapern gesehen. Sie sind Orchideen ähnlich, nur kleiner und zarter.

Im Café-Restaurant Apollon des Bades höre ich bei einem Cappuccino New Orleans-Jazz, gespielt von Studenten des Musikkonservatoriums in Neapel. Klingt für mich sehr authentisch. Ich spreche mit dem Trompeter, erzähle ihm, daß ich ursprünglich Musik studieren wollte. Plötzlich bläst er eine Partita von Bach, transparent und brillant. Ich würde ihn gerne in Neapel besuchen.

Nach Fango und Bädern lerne ich noch eine neben den »Grotte antiche« gelegene, über Jahre geschlossene Natursauna[5] kennen – eine Freundin aus München hatte mir immer wieder davon erzählt. Es ist eine Höhle mit hoher Radioaktivität. Wie Einheimische behaupten, geht der dunkle Ort vermutlich zurück auf die Zeit der Römer. Angeblich die wirkungsvollste aller Saunen auf der Insel. Ich bin noch nie auf so entspannende und angenehme Weise ins Schwitzen gekommen. Anschließend schwimme ich im kühlen Meer, das noch immer aufgewühlt ist.

Bis weit in die Nacht sitze ich wieder unter dem blühenden Oleanderbusch meiner Pension. In einer anderen Ecke der Terrasse ein junges italienisches Paar. Es singt neapolitanische Lieder.

Ulrich Neujahr. Sant'Angelo, 1956, Holzschnitt

Fronleichnamsprozession

4. Juni

Betäubende Düfte von Lilien und Nelken strömen aus der Kirche, überfluten den kleinen, mit Fähnchen und Blumengebinden reich geschmückten Vorplatz. Die Messe zu Ehren des Fronleichnamsfestes – seit langem als »La processione del corpus domini« angekündigt – geht zu Ende. Kinder tollen vor San Michele, bestaunen gegenseitig ihre für die Prozession hergerichteten weißen Kommunionskleider. Ein alter Mann auf der Steinbank vor der Kirchenmauer prüft voller Bewunderung die Oboe eines Musikers, der sich auf seinen abendlichen Auftritt vorzubereiten beginnt. Ein Kind – eine »Braut Christi«, wie man sagt – mit Engelsflügeln, in einem weißen Kleid, geschmückt mit goldenen Kettchen, mit einem Goldreif auf dem dunklen Haar, liegt selig entrückt in den Armen der stolzen Mutter.

Musiker der Kapelle aus Panza sitzen auf den umliegenden Mauern und Grabumsäumungen des Friedhofs. Sie beginnen sich gemächlich, eher spielerisch zu formieren. Mitten hinein in die letzten Gesänge und Gebete schallt stürmisches Glockengeläut über den Vorplatz, über die aufgespannten Fähnchen, die dichtstehenden Einheimischen und Gäste. Grell widerhallende Böllerschüsse kündigen das Ende der Messe und den Beginn der Prozession an.

Aus dem Kircheninneren drängen die Menschen nach draußen. Fahne und Gemeindeemblem, Kruzifix, Baldachin und Monstranz werden aufgestellt. Die Laternen der Ministranten und Lautsprecher für Gesang und Gebet werden ausgerichtet für die lange Prozession bergauf und bergab, in die Berge, dem Meer entgegen. Zunächst geht es hoch zur ersten Station an der Via Madonnella, dann zu den mit Lilien und Ginsterzweigen geschmückten Altären vor dem Hotel Vulcano, an der Cava

Ruffano und vor dem Hotel Conte, zur Bootsanlegestelle nahe der Piazza und zur letzten Station vor dem Hotel La Palma. Vorbei an alten Gehöften, abweisenden Mauern und blühenden Wiesen. Vorbei an Weinstöcken und Zitronen- und Orangenbäumen, an Büschen mit Blüten in zartem Rosa, an gelben und roten Rosen. In der Ferne taucht Capri auf, ein schimmerndes Geschmeide, das sich über das Meer gelegt hat.

Schmetternde Blasmusik und fromme Gesänge, brennende Fackeln zwischen Ginsterbüschen und Bougainvilleen. Ohrenbetäubendes Bersten der Knallkörper und Raketen. Und dazwischen immer wieder das Geläut der Glocke. Kleine Kinder und alte Männer und Frauen sitzen auf den Mauern, die den Weg der Prozession säumen. Die Mauern sind bedeckt mit Blumen und Zweigen. Die Hauseingänge gleichen Gemälden aus Blütenblättern aller Farben. Weiße, bestickte Tücher und Teppiche hängen aus Fenstern und von den Balkonen. Immer wieder diese klagenden Melodien der Kapelle, die mich an alte, in Sizilien spielende Filme erinnern. Dann wieder zügige Rhythmen, die eher zum Tanzen und Marschieren anregen.

Ein alter Mann, gebeugt am Stock gehend, blickt aus fast blinden Augen über die Bucht. An der Kirche eilen Frauen vorbei, die sich bekreuzigen, auf dem Weg hinab zu den nächsten Stationen der Prozession. Ein zunehmend roter Mond nahe Capri schiebt sich langsam aus dem Meer.

Zwischen den Häusern des Fischerortes, durch die engen, von oben nicht einsehbaren Gassen, windet sich der Zug mit dem Fahnenträger, der Abordnung von Schülern, der Blaskapelle mit allen nur erdenklichen Instrumenten, einschließlich einer auftrumpfenden Tuba. Und dem singenden und betenden Don Vincenzo inmitten einer Schar von Ministranten, die er führt wie ein guter Hirte.

Das Herz der Prozession schlägt unter einem goldfarbenen Baldachin, den Honoratioren des Dorfes tragen. Die Monstranz wird gehalten von einem Priester, der sie eng an seinen Körper preßt. Dicht hinter dem Baldachin und der Monstranz schreiten die Ordnungshüter, die Polizisten in ihren schmukken, blauen Uniformen und all die anderen Persönlichkeiten der Gemeinde. Ein böiger Wind kommt vom Meer. Er weht Klangfetzen der Kapelle zu mir herüber, durchmischt mit dem Tosen der Brandung gegen die Wellenbrecher, die das Dorf nach Westen schützen.

Sant'Angelo in festlich aufgeräumter Stimmung. Die Einwohner stehen mit ernsten Gesichtern in den Hauseingängen. Kunstgebilde aus Stroh, Geranien, Jasmin und Ginster auf den Straßen, sorgsam über angefeuchtetem Sand ausgebreitet. Lange Teppiche von Blüten der Jahreszeit. Und über den weißgekalkten, fahl leuchtenden Häusern der Mond, inzwischen in der Farbe einer reifen Orange.

Feuerwerk und flammende Lichterkaskaden, die von den Felsen ins Meer tropfen, begleiten die Prozession zur Mitte des Dorfes. Erwartet wird sie von einem kleinen Mann aus den Weinbergen über der Schlucht der Cavascura, der den ältesten der Ridente-Brüder – mit einer prachtvollen goldenen Uhr und einem Kreuz aus Elfenbein um den Hals – durch die Gassen begleitet. Der graubärtige Mann ist in ein feierlich wirkendes, dunkelblaues Hemd gekleidet.

Nach einer Andacht vor dem Hotel Conte am Torre geht die Prozession über den Damm zurück zur Piazza. Der Wirt vom Ristorante Peppino steht breitbeinig, mit verschränkten Armen, neben seiner Küchenmannschaft. Er blickt stumm auf Baldachin und Monstranz und der Blaskapelle hinterher, die sich zu neuen Großtaten formiert.

Auf der Dachterrasse von La Palma, einem Hotel mit langer Tradition inmitten des sogenannten arabischen Viertels, drängen sich Gäste. Ein junger Mann spricht unentwegt, heftig gestikulierend, auf eine Frau an seiner Seite ein, während an einem Seiteneingang des Hotels eine neuerliche, kleine Zelebration der Monstranz stattfindet. Der kurz zuvor aufgebaute, mit Gladiolen und silbernen Kerzenleuchtern geschmückte Altar wird von dem Baldachin und den ihn tragenden ehrenwerten Männern des Dorfes beschützt.

Während sich die Kapelle und der Zug der Betenden und Singenden langsam in den Gassen verlieren, telefoniert der junge Mann nun voller Leidenschaft, als ob es um alles für ihn ginge in dieser Nacht. Kaum ist die Prozession auf ihrem Rückweg zur Kirche entschwunden, wird der Hausaltar am La Palma abgebaut und die elfenbeinfarbenen, reichbestickten Tücher und Decken werden abgehängt. Auf der Straße bleiben Kreuze und Medaillons aus Blüten zurück, zertreten von den Vorbeieilenden. Und der Mond verschwindet in diffusgelblichem Licht hinter aufkommenden Wolkenwänden.

Die Fronleichnamsprozession ist zu Ende. Das Dorf kehrt überraschend schnell in den Alltag zurück. Die Altäre sind beiseite geräumt, die oft kostbaren Tücher zusammengefaltet, die Kerzenleuchter sorgsam zurückgelegt für das nächste große Fest, für San Michele im Herbst.

Die Menschen verlassen die für die Prozession vorgesehenen Routen und Gassen. Sie strömen zurück in die Cafés und Restaurants, zurück vor allem zur Piazza. Und an einem der langen, rustikalen Tische in der begehrten Pizzeria Pasquale nehmen die Honoratioren des Dorfes Platz. Die Träger des Baldachins und der schweren Fahnenstange werden begleitet von ihren Frauen. Allesamt bestellen sie »Pizza Pasquale«. Und das kleine Mädchen mit den Engelsflügeln schlummert in den Armen seiner Mutter.

Königin der Nacht – Bellissima

5. Juni

Eine Zeit wie im Traum. Ich bin allein am Meer. Starke Brandung, kühler Westwind. Klares, helles Licht. Ich empfinde eine Mischung aus tiefem Süden und hohem Norden.

Stunden später erlebe ich in der Pension einen Traum ganz anderer Art. Ein Wunder der Nacht. In lichtem, silbernen Weiß spreizt sie ihre Blütenblätter. Sie spreizt sie heraus aus einem Keramiktopf am Rande einer Terrasse, hinein in die Dunkelheit.

Signora Giuseppina sagt: »Bellissima«. Sie sagt es mit sanftem Lächeln im Gesicht, das von dicken grauen Haaren umrahmt ist. Sie geht langsam vorbei, hin zu den Blumen, zu der Wäsche, zu den Gärten.

»Bellissima!«, eine Blüte für eine Nacht. Wann wird sie sich wieder öffnen – mit ihren filigranen, scheu in die Nachtluft gespreizten, nach außen zusehends schmaler werdenden, spitz zulaufenden Blättern in leuchtendem Weiß und mattgoldenem Braun?

Eine Blume, ein Wunder. Jäh erwachtes Leben in fahlem Licht.

Eine Blüte, die sich sanft im Seewind bewegt. Die all jene Sehnsüchte einer kaum begonnenen Nacht, eines fern scheinenden Morgens in sich aufnimmt. Herausgewachsen aus grünbraunen, scheinbar längst ausgetrockneten, stachlig-langen Trieben. Einem sternenklaren Himmel entgegen.

Die Signora geht über die Treppen und Terrassen. Sie sagt erneut: »Bellissima«. Die blasse Blume zittert im Nachtwind ihrem Ende entgegen, in der Stunde vor dem bald beginnenden Morgen.

Die »Königin der Nacht« – bellissima.

Die Piazza am frühen Morgen – die Apollon-Gärten am späten Abend

7. Juni

Leichter Regen. Schwarzgrauer Himmel. Die Bergdörfer im Nebel. Im Osten Morgenrot. Purpurne Schleier, die sich über die Hänge am Maronti-Strand legen. Ich sitze vor der Bar Ridente. Alles ist geschlossen, Sant'Angelo schläft noch. Neben mir ein Fischer, den ich seit Jahren kenne. Kleine, gedrungene Körpergestalt, von Wind und Sonne tiefdunkle Haut. Er läuft stets barfuß. Er blickt auf das Meer. Offensichtlich wartet er auf die Fischerboote, die zwischen sechs und sieben vom nächtlichen Fang zurückkehren.

Stille über den Häusern. Das Meer ist bleiern. Capri und die Küste von Sorrent sind eingetaucht in eine Mischung aus Grau und dunklem Rosa. Einige Fischer kommen, ziehen Regenjacken an, bereiten ihre Boote erneut zum Auslaufen vor.

Inzwischen öffnet Dal Pescatore. Mir ist kalt, ich trinke einen *caffè-espresso*. Ich glaube, die verführerischen Düfte des Kuchenbuffets zu riechen, das die Besitzerin bis zum Mittag für die Gäste ausbreiten wird. Ich betrachte die Bilder an den Wänden der hohen Räume. Bilder von Ernst Bursche und anderen Malern, auch Aufnahmen von Werner Gilles, der Pfeife rauchend auf einer Treppe sitzt. Dabei entdecke ich vergilbte Fotos des alten Sant'Angelo, der Piazza vor fünfzig Jahren und der Einwohner beim Transport von Weinfässern auf ihre Schiffe. Damals noch ein ursprünglicher Ort, wie ihn auch Edgar Kupfer-Koberwitz[6] in einem lesenswerten Buch beschrieben hat. Gleichwohl scheint vieles bewahrt geblieben aus jener Zeit. Wie lange noch?

Der Regen hat aufgehört. Ein kalter Wind fegt über den

Hafen, um die Häuser in Weiß, Blau, Rosa, Braun, Gelb, Pompejirot – verblichene, ausgebrannte Farben. So wie sie Jürgen Hardtke, ein Maler, den ich vor Jahren hier kennenlernte, zahllose Male versucht hat, in seinen Aquarellen einzufangen. In seinem Atelier in den Weinbergen von Succhivo haben wir oft über seine Malergebnisse vom vergangenen Tag, über Bildkompositionen und die Symbolik von Farben gesprochen. Ein Künstler, dessen Mut zu immer neuen Formen der Auseinandersetzung mit der Natur ich bewundere.

Licht vom Meer, von Osten her, breitet sich aus. Eine Sonne, noch fahl und silbern, fällt auf den Torre. Der Ginster beginnt, aus dem dunklen Grün des Gesträuchs zu leuchten. Straßenkehrer fegen den Platz. Die ersten Fischerboote kommen zurück. Müde, bärtige Gesichter der Männer. Sie haben, wie meist, wenig gefangen. Ernst und schweigsam säubern sie ihre Boote. Sie befreien die Netze von Tang und kleinen Fischen. Sant'Angelo früh am Morgen.

Nach einem Tag mit Lesen und Schreiben besuche ich am Abend ein »Concerto di Musica da Camera« im Aphrodite Apollon. Im Kongreßsaal eine intime Atmosphäre. Wegen der Hitze sind alle Fenster weit geöffnet. Brandung dicht unter den Gärten – ein Zusammenspiel ganz besonderer Art.

Ich höre Werke von mir unbekannten italienischen Komponisten für Klarinette, Gitarre und Gesang. Die Musiker – noch jung, sehr sympathisch in ihrem Auftreten – sind Absolventen des traditionsreichen Konservatoriums San Pietro a Majella in Neapel. Sie musizieren mit leichter Eleganz, lächeln sich öfters zu, scheinen Freude an dem Abend zu haben. Der Klarinettist spielt mit einem weichen, sanften, dennoch vollen Ton. In Erscheinung und Körperhaltung erinnert er mich an den Dirigenten Riccardo Muti von der Mailänder Scala.

Eine junge Sängerin wird zum Ereignis. Wie ich dem Programm entnehme, mit bereits vielfältigen Auftritten bei internationalen Wettbewerben. Schwarzhaarig, attraktiv, in einem traumhaften Kleid. Und was für eine Stimme! Schon so ausdrucksstark, so strahlend in den Höhen. Beeindruckend in der Gestaltung der Lieder von Franz Schubert und Ludwig Spohr, die ich selten so rein und so leicht erlebt habe. Sie singt mit einem Lächeln in den Augen.

Geheimnisvoll das Ende des Konzertabends: ein Bummel durch die nächtlichen Gärten des früheren Apollon-Bades. Es duftet nach Ginster und Jasmin. Ein Zauber über allem, tief unten das schwarze Meer.

Ein alter Hanseat – Tanzen und Trauern

8. Juni

Der Tag hatte sehr ruhig begonnen. Ich verbrachte den Vormittag auf der Piazza mit einem Freund aus Hamburg. Wir tranken Campari Soda. Erstaunlich ist dieser Mensch: ein wirklich betagter Mann und dann wieder unglaublich jung. Es sind vor allem seine Augen, dunkel und blitzend. Seine oft müde wirkende Stimme kann plötzlich, elektrisiert von irgendeinem Gedanken, frisch und hell klingen.

Die vielen Jahre kommen mir wieder in den Sinn, seit wir uns zum ersten Mal begegnet sind. Oft ruhte er am späten Nachmittag in einem Liegestuhl unter einem Zitronenbaum. Mildes Licht hüllte ihn dann ein, diesen Mann am Ende einer langen Reise. Sanft und verführerisch war sein Lächeln – wenn er denn lächelte. Doch meist war er ernst. Blickte aus weit geöffneten blauen Augen unter dichten, grauen Brauen.

Ein Mann mit einer Stimme, die in ihrer stets leichten Heiserkeit unmittelbar gefangen nahm. Denn erzählen konnte dieser Hanseat wie kaum einer sonst. Hell wurden dann seine Augen, sie begannen zu leuchten. Sein Körper begann zu vibrieren, ganz jung, ganz leicht zu werden. Seine zerfurchte Haut straffte sich in ihrer tiefen Bräune.

Und dann begann er zu erzählen und Geschichten auszubreiten. Mit einer Stimme, die mit zu leben, mit zu leiden schien. Erfüllt von eigenem Leben. Auch berührt vom Leben von Menschen, die schon gestorben waren. Die zuweilen schmerzhafte Spuren hinterlassen hatten – oder auch leises Glück.

So erzählte der farbenfroh gekleidete Freund, an den Füßen seine geliebten Espadrillos, von längst vergangenen Zeiten – ganz so, als ob sie noch jüngst Glanz und Leben verbreitet hätten. Die Geschichten schienen so vollkommen Besitz von ihm zu ergreifen, daß kaum mehr zu erkennen war, was er davon selbst einmal erlebt hatte.

Als ich vom Konzert in den Apollon-Gärten gestern sehr spät »nach Hause« kam, tanzte er mit einer jungen Frau auf der Terrasse über dem Meer. Es schien wie ein Wunder, dieser Tanz. Und inmitten der Blumen griffen seine Arme weit über die nächtlichen Stunden hinaus.

Am Strand lernte ich heute eine Frau kennen. Sie kommt aus Zürich, schreibt Theaterstücke und malt. Sie wohnt bei Freunden auf dem Castello Aragonese in Ponte. Sie erzählte mir von einem der Brüder Mattera, den Besitzern der Burg. Er ist ein bekannter Maler.

Sie beschrieb ihn mir. Plötzlich wurde mir klar, daß ich ihn bei der Vernissage vor Tagen gesehen hatte – der einzige Mann, der mir dort aufgefallen war. Groß und schlank, mit relativ langem, grauen Haar. Mit Lachfalten um dunkle Augen, dabei einem melancholischen Gesichtsausdruck. Er trug ein sehr schönes Halstuch. Ich möchte ihn gerne kennenlernen. Aber, wie ich erfahre, ist dies nur schwer möglich. Er lebt zurückgezogen auf dem Castello über Ponte.

Unter dem Eindruck der Erlebnisse in den letzten Wochen frage ich mich, ob Sant'Angelo wieder ein Ort für Künstler zu werden beginnt. Nach den Zeiten von Werner Gilles und Eduard Bargheer, von Gertrude Helmholtz, Ernst Bursche und Ulrich Neujahr, von Hermann Poll, Arkady Kusmin und anderen, die hier vor Jahrzehnten lebten und malten.

Noch einmal bei Peppino am Torre. Ich blicke in die untergehende Sonne. Stürmische Winde über dem Meer. Sie peitschen die Wellen gegen die Felswände entlang der Küste bis Cavo Grado. Auch an der Ostseite des Hafens haben die Fischer ihre Boote in Sicherheit gebracht. Teresa ist ganz in Schwarz gekleidet. Sie lacht nur selten. Sie hat, wie sie sagt, in kurzer Zeit drei Menschen verloren, die ihr wichtig waren. Neben mir sitzen ältere Italiener mit Stil, ausgeprägte Typen. Verlebte Gesichter haben sie, aber nicht häßlich. Ihre Frauen sind sehr feminin, exquisit gekleidet. Sie können hinreißend flirten, für Augenblicke – während die Männer in Pullovern von Valentino und Missoni mit Leidenschaft und Hingabe ein umfangreiches Fischessen bestellen.

Abschied von Sant'Angelo

9. Juni

Mein letzter Tag: Ich sitze in meiner Ecke an der Mauer des Ridente. Ich nehme Abschied vom Meer und von den Bergen, von der Brandung und den ginsterbedeckten Hängen des Torre. Von den sonnenüberfluteten Tagen, den warmen Nächten im Sand. Von den Stürmen am frühen Morgen, am späten Abend, die das Meer weiß werden ließen. Von der Luft voller Duft nach Jasmin und Ginster, Orangen und Zitronen, erfüllt von Gischt und Salz. Von der Stille meiner Wanderungen, auf Höhenwegen zu den kleinen Kirchen und Kapellen. Von so vielem, das zu lieben so leicht für mich ist.

Abschied vor allem von den Menschen. Von den Fischern mit ihrer olivfarbenen Haut, wie sie Federico Garcia Lorca in einem Gedicht über die Zigeuner Andalusiens beschrieben hat. Von den Barbesitzern und Kellnern, den Kartenspielern, den Maultierführern und den Gepäckträgern. Von der Frau am Strand im langen weißen Kleid, mit einem Obstkorb auf dem Haar.

So vieles habe ich in diesen Wochen geschrieben, eher erfühlt als dokumentiert. Sehr viel mehr habe ich »vergessen« zu erwähnen. Nein, es ist wohl anders: Vieles ist für mich nicht zu beschreiben. Es würde, so scheint mir, seinen Zauber verlieren in dem Augenblick, in welchem ich versuchte, es mit Worten zu erfassen.

Abschied auch von meinem alten Freund aus Hamburg. Nach einem schweren Herzanfall ist er schwach, mit tiefliegenden Augen. Kein jungenhaftes Aufleuchten mehr. Er scheint zu fühlen: Der Tod hat ihn gestreift. Er atmet schwer. Er ist weiß gekleidet, sein Pullover in Altrosa, seine Schuhe aus Leinen. Als ich mich von ihm verabschiede, ihn in meine Arme nehme, berühre ich einen müden Körper mit knochigen, spitzen Schultern. Seine Haut, obwohl braungebrannt, ist welk. Das Leben, das Altern ist unerbittlich. Selten habe ich es so stark empfunden.

Während ich ihn umarme, fühle ich eine tiefe Zuneigung zu dem alten Mann. Zugleich ahne ich, wahrscheinlich werde ich ihn nicht mehr wiedersehen. Die Frage beschäftigt mich: Macht dies Sant'Angelo aus? Dieses Ankommen, dieses alle Sinne ergreifende Leben – und dieses Loslassen-Müssen.

Im Morgengrauen, kurz vor meiner Abreise, ein heftiges Gewitter. Von der Dachterrasse aus scheint alles in Feuer getaucht. Aber nur wenig später ist das Spektakel vorbei. Rasch glättet sich das Meer und leuchtet in einem hellen Graublau. Ruhe breitet sich aus, während ich Sant'Angelo und die Insel verlasse.

Auf der Überfahrt nach Neapel kommt mir wieder in den Sinn, daß ich während eines Abschiedsbesuchs bei meinem Freund Karl Schneider und seiner Familie eine bemerkenswerte Frau kennengelernt habe, die ich gerne wiedersehen möchte. Sie lebt seit fast vierzig Jahren in einem Haus über dem Meer. Sie war mit einem Seemann verheiratet. Eine Frau von nahezu achtzig Jahren, noch immer attraktiv. In ihrer Pension umgibt sie sich mit Gästen aus vielen Ländern.

Sie erzählte von dem alten Apollon-Bad mit den Grotten der neun Musen. Von seinem Gründer, dem Arzt Dr. Walde: einem Menschen mit großem Schönheitssinn, der vor einem ausgewählten internationalen Publikum am späten Nachmittag, an den Thermalbecken des Bades, Texte aus der Antike zu rezitieren pflegte.

Sie erzählte von Romina Power, der Tochter des Schauspielerehepaars Tyron Power und Linda Christian, auf der Yacht der Principessa Ruspoli. Ihr Mann, Tonino, war – wie ich bei einem meiner nächsten Besuche erfahren sollte – ein begehrter Seemann, unter anderem auf jener Yacht der Principessa und auf dem Schiff der amerikanischen Familie von Doktor Mellon, einem Spezialisten für Tuberkulose. An die Yacht der Windsors erinnerte sie sich, als sie in der Maronti-Bucht ankerte, und an die Yacht der Begum. Voller Bewunderung sprach sie davon, wie die Begum in einem prophetengrünen Sari an Land ging und »das Volk von Sant'Angelo entzückte«. Und sie erzählte von der ersehnten Ankunft des Wasserschiffes[7] aus Neapel in früheren Jahren.

Von dieser Frau möchte ich mehr erfahren. Mehr von ihren Erinnerungen hören, die mich sofort faszinierten. Von Dolly Marie Barricelli. Von Dolly, wie alle im Dorf sie nennen. Ihr Leben scheint so reich.

Ernst Bursche. Blick auf den Torre, 1959, Litho

22/30 Sant'Angelo

Ulrich Neujahr. Arabisches Viertel in Sant'Angelo, 1956,
Mischtechnik (Aquarell/Tempera)

Hans-Peter Kirchpfennig. Giorgio, der Fischer, 1959, Aquarell

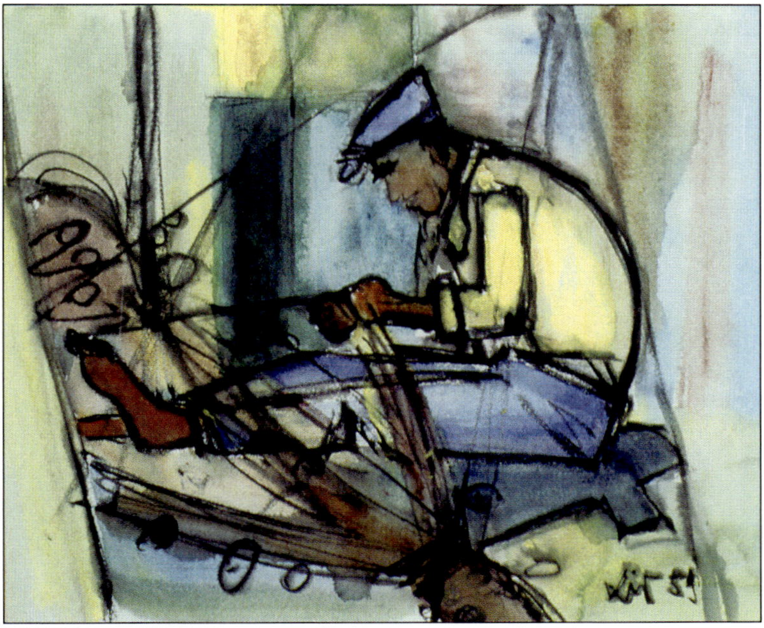

Ernst Bursche. Giovanni, der Fischer, um 1965, Aquarell

Per il grande maestro
di pesca Giovanni
di Ernesto

Karl Schneider. Treppenaufgang zur Casa Schneider, 1968, Aquarell

Ernst Bursche. Sant'Angelo, 1970, Aquarell

Gespräche mit Dolly im späten Winter[8]

Mein Wunsch, mehr aus dem Leben der Dolly Marie Barricelli zu erfahren, ließ mich nach jener ersten Begegnung im Frühjahr 1992 nicht ruhen. Immer wieder trafen wir uns während meiner Besuche. Oft lud sie mich zu einem gemeinsamen Abendessen an den grünen, ovalen Tisch in der Glasveranda ihrer Pension, der Casa Sofia. In der Zwischenzeit hatte sie sich zunehmend aus der Leitung des Hauses zurückgezogen und mit achtzig Jahren den Besitz an Christian, den Sohn der Familie Schneider, weitergegeben. So war für sie mehr Ruhe eingekehrt. Und im Herbst 1997 konnte ich Dolly schließlich für mein Anliegen gewinnen, mit ihr eine Woche lang, nicht gestört von Gästen, über ihr Leben zu sprechen. Wir wählten dafür die letzten Tage des Winters, des beginnenden Frühlings im darauffolgenden Jahr: acht Tage voller Erinnerungen.

Karneval in Neapel – auf dem Weg zu Dolly

Bei meiner Ankunft Ende Februar zog »Carnevale« ausgelassen durch die Straßen von Neapel. Kleine Kinder an den Händen stolzer Mütter, mit Liebe geschmückt und verkleidet für den Tag. Die langen, schwarzen Haare kunstvoll zusammengesteckt. Junges, verliebtes Volk in farbenprächtigen Kostümen. Auf den Plätzen dicht am Meer, vor den düster drohenden Mauern des ehemaligen Staatsgefängnisses, des Castello Anjou, trieb es sein verführerisches Spiel unter einer vorfrühlingshaft wärmenden, milden Sonne.

Pulcinella, die Komödiantenfigur des alten Neapel, eilte in weißen, wehenden Kleidern und einer schwarzen Maske mit riesiger Nase und breiten Backenknochen vorbei. Ein Mann mit dem Domino, einem schwarzen Umhang über weitem Mantel, schritt durch das bunte Treiben, als ob ihn nichts von all dem erreichen könnte.

Carnevale in Neapel – und ich war auf dem Weg zu Dolly. Sprechen wollte ich mit ihr über ihr Leben, gemeinsam mit ihr auf Spurensuche gehen.

Ich erlebte eine sanfte Überfahrt nach Ischia, über ein Meer, das so still, so blaugrün schimmernd war. Immer wieder brach die Sonne durch eine Wand bedrohlich aussehender Wolken. Und ein kühler Wind wehte von den Bergen herab entlang der Küste. Seltsam: Keine Menschen traf ich an Deck. Bei einem Zwischenhalt in Procida sah ich nur wenige Reisende, die das Schiff verließen oder an Bord wollten. Es herrschte Einsamkeit – eine natürliche, lebendige Einsamkeit, der ich begegnete.

Die Busfahrt von Porto nach Sant'Angelo ging vorbei an Bäumen, die überquollen von Zitronen und Orangen; vorbei an steil aufragenden, steil abfallenden Hängen in frischem Grün. Eine verwegene Fahrt durch die stillen Dörfer der Berge, mit ihren alten, wehrhaften Kirchen und Gehöften, die von dem weichenden Winter blankgefegt waren. Deren Farben alle Schattierungen von Ocker und Rosé, von Türkis, von bläulichem Rot und schmutzigem Weiß aufwiesen. Und tiefe Mauerrisse durch die letzten Stürme. Eine Fahrt auch, die meine Träume von Harmonie zwischen Mensch und Natur zerbrechen ließ: Ich sah die rücksichtslose Zersiedelung der Landschaft in den Bergen, an den Hängen über dem Meer – Ergebnis eines rasch wachsenden Tourismus.

Der nahezu leere Bus stürzte sich über Haarnadelkurven wieder nach unten, zu den tiefer gelegenen Dörfern. Eine späte Sonne kämpfte sich durch Wolkengebirge. Und dann endlich auf der Piazza. So hatte ich sie nie erlebt: die Häuserfassaden ohne frische Farben, die wenigen Tamarisken kahl, zusammengeschnitten. Letzte Sonnenstrahlen glitten an den Mauern entlang. Ein in Stein erstarrter Platz. Immer wieder fühlte ich es mit leichtem Frösteln. Keinen Touristen begegnete ich, ausschließlich Einheimischen, Fischern, die dabei waren, ihre Netze von der letzten Fahrt aufs Meer zu ordnen. Ihre Gesichter waren mir so vertraut.

Da war der kleine Fischer mit der dunklen Haut, der immer barfuß lief. Der kleine Mann aus den Weinbergen hoch über dem Maronti-Strand. Der windzerzauste, ewig stoppelbärtige Wirt vom Ridente. Und andere Bewohner des Dorfes waren da. Sie wirkten in sich gekehrt. Versunken blickten sie in die untergehende Sonne. Sie sprachen wenig miteinander, bewegten sich langsam. Es lag eine seltsame Ruhe über dem Platz.

Was sich dem Blick aufdrängte, aus den Winkeln der Häuser und kleinen Gassen: abbröckelnder Putz und Mauerwerk, das zusammenzufallen drohte; Brüche und zum Teil gefährliche, dramatische Veränderungen. Nirgendwo sah ich glatte, großflächige Farben. Alles war eingetaucht in ein Licht, das keine Eindeutigkeit und Klarheit vermittelte. Doch die Sonne, der Wind hatten auch Nischen für neues Leben geschaffen, das sich am Ende des Winters zu regen begann.

Sant'Angelo wirkte seltsam frostig – so kalt wie der Wind an diesem Tag. Ständig umkreisten Möwen Torre und Hafen. Schreiend und vor drohenden Unwettern Schutz suchend. Dunkle Wolken über den Bergen näherten sich dem alten Fischerdorf.

Dann brach der Regen los, begleitet von heulendem Wind. Der Himmel war fahl, Blitze zuckten über dem Torre. Es war gespenstisch, hatte ich den Ort doch meist so friedlich, so harmlos und oft unwirklich schön erlebt. Um die Mauern und Häuser flogen Fetzen von Papier, von Zementtüten, von losgerissenen Jalousien und Bastmatten. Menschen holten ihre Wäsche hastig von den Leinen. Die Möwen kreischten inmitten von Gischt.

Doch erneut hoch hinauf wollte ich. Über die via Madonnella, vorbei an Kirche und Friedhof, zu Dolly. Gespräche mit ihr im späten Winter führen: Dies war es, was ich mir wünschte, seit sie mir eines Tages erzählt hatte, wie sie vor vielen Jahren – weit vornübergebeugt auf der Terrasse ihres Hauses – auf das Wasserschiff vom fernen Neapel gewartet hatte, gemeinsam mit ihrem Mann, ihrem Tonino. Und was für eine Freude, wenn sich dann endlich das Schiff hinter den Bergen, dem steil abfallenden Ende des Maronti-Strandes, langsam herüberschob.

Erster Tag

Große blaue Augen, im wechselnden Licht des Tages hell und wieder dunkel, blickten mir entgegen, als ich mich am Nachmittag zum ersten Gespräch bei Dolly einfand. Zuweilen schienen sie müde, zuweilen unwiderstehlich zupackend. Ich erlebte Momente vollkommener Dichte und Konzentration. Gekleidet war Dolly – eine Frau von mittlerer Größe, mit weißem, leicht gewelltem Haar und kräftigem Händedruck – in Stoffe mit geschmackvoll abgestimmten Farben, in Tücher aus Seide und Baumwolle. Geschmückt mit Ringen und einem breiten goldenen Armreif.

Wir saßen, wie immer an den folgenden Nachmittagen, in ihrem privaten Zimmer, einem Raum von großer Intimität. Alles war versammelt, was Leben in einem umfassenden Sinn bedeuten kann. Ein schlichter Arbeitstisch aus dunklem Holz, überquellend von Papieren und Briefen. Von Zeitungsausschnitten, von Schreibutensilien und Notizzetteln, von einem Kästchen mit Visitenkarten, einer Schere und zwei Kacheln vom alten Fußboden in Karl Schneiders Haus – dem befreundeten, inzwischen verstorbenen Nachbarn über mehr als 20 Jahre. Ein Ruhebett, eingerahmt von Büchern und Zeitschriftenstapeln auf Regalen. Italienische und deutsche Zeitungen in greifbarer Nähe.

Ein Raum, dessen Schmuck die Bilder an den weißen Wänden waren. Bilder unterschiedlichen Charakters und verschiedener Herkunft. Bilder gemalt von Dolly: vom alten Sant'Angelo, von Landschaften auf der Insel, von Blumen und Früchten. Auch einige Fotos mit persönlichen Bezügen. Eine bronzene Tischlampe in reinem Jugendstil, unter deren Licht Dolly, wie sie erzählte, in den 20er Jahren in Bremen, ihrer Geburtsstadt, die Schulaufgaben gemacht hatte. Und ein kleiner, seltener

Sessel Louis-seize, auf dem Gäste und Freunde Platz nehmen durften.

Bilder unterschiedlicher Stile und Inhalte – und dennoch schienen sie allesamt in leisem Gespräch miteinander. Nichts Trennendes vermochte ich zu empfinden. Reiches Leben schien allen Gegenständen innezuwohnen, sie mit einem silbernen Schleier zu umfangen. Und nicht eine einzige Farbe konnte ich sehen, die »laut« gewesen wäre. Erste Augenblicke, mit denen eine nachdenklich-stille, beredte Zeit mit Dolly zurück in ihr langes Leben beginnen sollte.

Auf was für eine Reise hatten wir uns für acht Tage begeben! Streng war die Einteilung der Zeit. Am frühen Morgen meine Wege über die Berge oder hinab zum kleinen Hafen – und stets um zehn Uhr begann unser Gespräch für zwei Stunden. Dolly empfing mich meist im Salon, nach dem Frühstück auf der Terrasse. Und inmitten von Büchern und Bildern begann sie zu erzählen.

Der Salon mit einladenden, breiten Sitzbänken, die Kissen in hellem Leinen bedeckten. Bodenfliesen mit gelben und blauen Mustern auf weißem Grund. Ein blauweißer Fayenceofen in einer Ecke. Alte italienische Bücherschränke, eine bayerische Barockkommode und Biedermeierstühle.

Und viele Bücher! So entdeckte ich eine bibliophile Rarität: »Die Kunst mit Männern glücklich zu sayn und sich derselben Liebe und Achtung zu erwerben und zu erhalten – ein Geschenk für Bräute und junge Weiber«, verfaßt von L. von Knigge im Jahre 1816. Mit einem hundertjährigen Edelweißstrauß als Lesezeichen.

Ein Raum, der lebendige Vergangenheit ausstrahlte. In dem wir den späten Morgen verbrachten. Miteinander sprachen. Und zuweilen schweigend auf das Meer hinausblickten.

Diese Stunden am Vormittag waren sehr dicht. Intensiver noch empfand ich die Stunden zwischen Siesta und Abendessen, wenn die Zeit zu schweben begann. Empfangen wurde ich nun in Dollys Zimmer. Große Hitze aus einem vollaufgedrehten Heizkörper schlug mir entgegen. Dolly malerisch gekleidet auf ihrem Bett ruhend, mit erwartungsvoller Haltung. Und immer mit zwei Gläsern Ramazzotti auf dem Tisch.

Dann begannen unsere Gespräche erneut. Ich erlebte zugleich Nähe und Ferne, Wärme und Kälte. Und all dies bei ihren ernsten, zuweilen milde lächelnden, wissenden Augen. Bei ihren Blicken hin zu den Büchern, den Bildern. Und tief hinein in den Reichtum ihres Lebens.

Auf eine lange Reise hatten wir uns begeben. Wir sprachen von Dollys Ankunft auf der Insel, in Sant'Angelo, vor so vielen Jahren. Und ihre Augen wurden groß, als sie nach langem Zögern leise begann, mir ihre Geschichte zu erzählen.

Sant'Angelo – so fing es 1954 an

Hier auf der Insel lebte Tante Martha, die sich mit ihrem Mann ein hübsches Haus gebaut hatte. Und die in jedem Frühjahr hierher kam und im November wieder nach Haus fuhr an den Starnberger See, nach Tutzing zu ihrer Familie, um Weihnachtsgeschenke vorzubereiten.

Im Frühjahr kam sie wieder, wie damals das halbe Dutzend der wenigen Fremden – keine Touristen, sondern Fremde, die schon jedes Jahr herkamen. Wie der Maler Gilles, der Maler Heldt, die Malerin Gertrude Helmholtz, Elena Wassermann, die die erste Boutique hier gegründet hat, ihre Freundin aus Berlin, die berühmte La Rossa, weil sie rote Haare hatte, Tante Martha. Und dann kam ich.

Diese Tante Martha – sie ist keine leibliche Tante, eine Nenntante sagen wir – schrieb mir eines Tages: ‚Kinder, besucht mich doch mal!' Die Kinder, das waren meine Cousine und ich. Meine

Cousine Marianne, die damals auch in München studierte. ‚Besucht mich doch mal hier.' Und dann sagten wir: ‚Ja, aber wie?' Und Tante Martha: ‚Ja, das beschreibe ich Euch ganz genau.'

Also, wir nahmen den Atlas. Und wenn mir einer sagt, damals, vor fünfzig Jahren, er habe gewußt, wo Ischia genau liegt, dann lügt er. Das wußte nämlich niemand in jener Zeit. Man hatte nicht einmal eine Ahnung von Ischia. Von Capri hatte jeder schon gehört – das war ja zu der Zeit schon weltberühmt, aber man hat's auch in der Schule gelernt. Capri kannte man noch. Ganz fern wußte man: Capri, ja – aber wo das genau liegt…? Also Marianne, meine Cousine, und ich nahmen den Atlas und gingen mit dem Finger erstmal die Küste entlang und dann immer weiter. Ach, mein Gott, »da unten« sollen wir hin – nach Ischia. Da wußten wir es dann so ungefähr.

Es gab aber kaum eine Verbindung zwischen der Insel und dem Festland. Es war sehr schwierig, hierher zu kommen. Aber Tante Martha hatte uns, Gott sei Dank, den Weg ganz genau beschrieben und auch den betreffenden Leuten Bescheid gesagt, daß die auf uns aufpassen, damit wir überhaupt hier ankamen. Man flog auch nicht. Tag und Nacht Vierter-Klasse-Eisenbahn auf Holzbänken, die über Eck standen. In Rom mußten wir umsteigen. Durchgehend gab es noch keinen Zug. So kamen wir in Neapel an. Wir stiegen also aus und hatten beinahe Hühneraugen am Po. Und dann hatte Tante Martha uns gesagt: ‚Ja, also, nehmt dann das nächste Schiff.' Es gab nur ein oder zwei am Tag. Sie hatte uns genau die Zeit gesagt. Und dann kamen wir in Porto d'Ischia an.

Da schwabbelte im Hafen ein kleines Boot, auf dem stand »Sant' Alberto«. Und da stand der große Alberto, der Inhaber der damaligen Pensione Miramare[9]. Alberto war Fischer. Und mit seinem Boot fuhr er auf den Markt nach Porto d'Ischia, holte Gemüse und Obst. Denn hier in Sant'Angelo gab es nichts. Er erwartete uns und nahm uns mit in seinem Boot.

Wir sind dann um die Insel halb herumgefahren, aber nicht über die Orte Casamicciola, Lacco Ameno und Forio, sondern über die andere Seite – vorbei am Castell Aragonese und die Steilküste entlang. Die Überfahrt war wunderschön. Es war Herbst, und das Meer war ruhig. Das Boot war voll mit Hühnern, Kaninchen und Gemüse. Alles lag am Boden. Sitzgelegenheiten gab es nicht. Wir saßen zwischen den Körben. Und als wir hier ankamen, sahen wir entsprechend aus mit unseren schwarzen Kleidern.

Aber inzwischen war ich schon nicht mehr ganz bei mir. Ich war von Sinnen vor so viel Schönheit. Ich war außer mir. Ich kann es überhaupt nicht beschreiben, was mit mir vorging. Diese Welt hier. Vor allen Dingen die Steilküste. Wir tuckerten da eineinhalb Stunden mit einem Zweitakter-Dieselmotor – ganz langsam. Das Boot war voll und schwer. Wir auch noch drin.

Ganz langsam fuhren wir in einer unglaublichen Stille. Das Meer schlug leise an den Felsen. Eine Weite und nichts, nichts. Wir tuckerten also hier herunter, und es war überwältigend. Das Meer war ganz ruhig. Und als wir an die Felsen kamen am Ende des Maronti-Strandes, da hob Alberto sein Ruder und sagte: ‚Eccola Sant'Angelo – dort ist es.' Und wir schauten. Und was sahen wir? Nichts. Ein paar kleine, winzig kleine Häuser. Da sagten wir: ‚Das ist Sant'Angelo?'

In jenen Jahren war Sant'Angelo ein reines Fischernest. Hinter dem alten, kleinen Hotel America hatten die Casa Rosa und die Pensione Miramare bereits ein paar Fremdenzimmer. Sonst gab es nur einige wenige Privatzimmer.

So ging ich von Bord. Es war keine Mole da am Hafen. Das Schiff fuhr auf den Sand auf. Dadurch ist das Boot ja viel höher, und unsere Koffer waren ja auch drin. Also mußte man ordentlich schauen, daß man rübersteigen konnte. Und schon kam die ganze Dorfjugend angerannt, denn es war ja ein Ereignis: Da kommen zwei Fremde, auch noch zwei jüngere Frauen – du lieber Gott; zwei Frauen also hier, ohne Männer. Also die ganze Dorfjugend kam angerannt, und sie halfen uns und auch Alberto. Die Körbe raus und alles raus, unsere Koffer raus und wir hinterher. Und der mir dann die Hand gab zum Übersteigen, das war mein Mann – wurde mein Mann.

So also fing sie an, die Geschichte von Dolly und Sant'Angelo. Und Dolly erinnerte sich an den Abend nach ihrer Ankunft.

In der Gasse hinter der Bar Ridente war die kleine Bar Da Guido. Da saß allabendlich der Maler Gilles bei seinem Rotwein, und die Jugend scharte sich um ihn, aber auch die Malerin Gertrude Helmholtz, Tante Martha mit Nichte Christiane, mit denen wir in Casa Rosa wohnten. Gegen Abend sagte Tante Martha: ‚So, nun macht euch hübsch. Wir gehen jetzt ins Dorf.' Nun muß man sich vorstellen, was das damals bedeutete. Erstmal waren das ganz schmale, steinige, holprige Wege, die nur von Eseln begangen wurden. Von der Casa Rosa zur Piazza. Tante Martha sagte: ‚Nehmt Eure Schuhe in die Hand, sonst habt Ihr keine Absätze mehr drunter.'

Wir gingen dann barfuß hinter Tante Martha her, im Gänsemarsch. Und das hatte sie uns schon geschrieben: ‚Bringt eine Taschenlampe mit, ohne die geht's nicht.' Es gab nämlich überhaupt keine Beleuchtung. Es war stockdunkel. Und so trotteten wir dann hinter ihr her zur Piazza, und sie führte uns in dieses winzige Lokal neben Conchiglia. Es standen da ein paar wackelige Stühle, genauso wackelige Tische. Und wo heute eine Pasticceria ist und darüber der Friseur, war dieses Lokal. Ein langer Schlauch. Es war nichts drin. Eine Theke oder ein Tresen – wie soll man es nennen – und einige wackelige Stühle. Das Glas Wein kostete zehn Lire. Es wurde bald erhöht auf zwanzig, was alle unerhört fanden.

So saßen wir dann da. Und da saß Gilles, da saßen die anderen Maler. Es war eine nette kleine Gesellschaft mit fünf, sechs Fremden. Die kamen da abends zusammen. Aber auch die Dorfjugend. Und Tante Martha rief dann alle herbei und sagte: ‚So, jetzt stelle ich Euch die mal alle vor. Das ist der Federico. Das ist der Pietro. Das ist der Tonino. Und das ist der und der.' Wir gaben uns alle die Hand. Da habe ich zum ersten Mal Toninos Namen gehört und ihm ins Gesicht geschaut.

Einige Zeit später saßen wir dann oft zusammen im Pescatore. Es war ein großer Raum. Kerzen standen auf den Tischen. An den Wänden hingen ein paar Karbidlampen der Tintenfischer; in den Häusern war ja noch kein Strom. Rundherum im Pescatore war eine gepflasterte Steinbank mit Strohmatten. Auf denen saß man. Auch heute noch sind die Steinbänke draußen unter den Türbogen: Genauso war es damals. Dann wurden Grammophonplatten aufgelegt. Ich habe noch nie in meinem Leben so wahnsinnig getanzt. Bis zur Mole, bis zum Sand. Jede Nacht bis zwei Uhr Tango. Nichts als Tango, Tango, Tango, und ich hatte wunderbare Tänzer. Und wenn man einen Schritt zuviel tat, fiel man ins Wasser.

Beeindruckt und zugleich amüsiert von ihrer Erzählung, fragte ich Dolly, was nach ihrer Ankunft auf der Insel denn das Besondere für sie gewesen sei, als sie hier diese ersten drei Wochen verbrachte. Und wie einfach, wie klar war ihre Antwort:

Die Schönheit. Die Schönheit der Natur. Die Schönheit der Menschen. Das war's alles zusammen: die Gewalt der Elemente von Himmel, Meer und Erde. Die mythische Verwunschenheit. Das geheimnisvolle Leben und aus den Bergspalten quellende Schwefeldämpfe. Und Pan flötete einladend im Gesträuch… schön. Dies einfache Leben, diese Bedürfnislosigkeit. Ein Stück Brot, ein Glas Wein, ein Teller Spaghetti, die Sonne. Die Bedürfnislosigkeit der Bevölkerung. Daß das Geld gar keine Rolle spielte. Man lebte trotzdem. Und jeder wurde satt.

Ulrich Neujahr. Pietro-Paolo Stalino, o.J., Holzschnitt

Drei Orte voller Magie

Auch mir sind Orte voller Geheimnisse auf Ischia begegnet. Orte am Meer, hoch in den Bergen, tief in einer Schlucht zwischen schroff aufgetürmten Felsen. Orte von großer Unterschiedlichkeit. Und doch: Alle liegen sie dicht über der Glut der Erde. Nah an einem nicht vorhersehbaren Ende in Feuer und Asche.

Cavascura – ein Ort der Dunkelheit und des Lichts

Tief eingedrungen in die Schlucht ist die unentwegt sich verströmende Wärme aus dem Berg. Nah dem brennenden, kochenden Inneren der Insel. Eine Schlucht, die düster und bedrohlich wirkt. Dunkelheit und Licht, Kühle und Wärme – nur hier treffen sie für mich auf der Insel so nah aufeinander. Cavascura mit seinen Felsenhöhlen, erfüllt von dampfendheißem, heilenden Wasser. Ein Ort ursprünglicher Natur. Ein Ort, der Hoffnungen und Ängste weckt.

Mit oft blassen Gesichtern und müden Beinen kommen die Besucher am hochgelegenen Ende der Schlucht an. Bäder wollen sie nehmen. Hineinlegen wollen sie sich in die Jahrhunderte alten Becken, mit den großen Steinbrocken als Kopfstütze. Über die Leinentücher vor den Badehöhlen hinweg in die Berge blicken. Dem taumelnden Flug der Schmetterlinge folgen, das Leuchten der Ginsterbüsche über braun-purpurner Erde sehen.

Noch auf einem Stück Papier an der weißgekalkten Wand die Bitte lesen, beim Verlassen der Badehöhlen den Holzstopfen aus dem Abfluß zu ziehen. Um danach auf den hölzernen Liegestühlen in das Gefühle von Schwerelosigkeit zu sinken. In ein Gefühl nicht zuvor erlebter Dichte und Leichtigkeit.

Die Magie einer Schlucht, die Menschen umfängt, sie gänzlich ergreift. Und wieder entläßt – hinab zum Meer. Zu einem

Ort mit langer Geschichte: zur Taverne von Pietro Paolo »Stalino«, die zu allen Zeiten Geborgenheit schenkt. Und vor Jahrzehnten auch Verborgenheit bot für Maler und Schriftsteller, für Journalisten und all jene Menschen, die auf einer der alten Holzbänke allein sein wollten. Mit Tischen vor der Tiefe der Grotte, aus welcher der Wirt wahre Köstlichkeiten der ischitanischen Küche servierte. Das Flackern der Petroleumlampen war Balsam für die Seele.

Die Gewölbe, über Generationen hineingehauen in den Tuffstein, sind teilweise mit Strohmatten bedeckt. Bilder schmükken den weiß gekalkten Raum: mit Pietro Paolo, »Stalino« genannt wegen seines Aussehens, zumal seines ungemein ausdrucksstarken Schnauzbartes, der an den russischen Diktator erinnerte. Pietro, ein Koloß von einem Mann, oft allein auf Fotos zu sehen. Auf wenigen mit seiner Frau: klein und zierlich, mit Augen wie Sterne. Und immer wieder Pietro in wahrlich erhabener Pose, der im Alter von fast hundert Jahren für immer sein Höhlenparadies verließ.

Die eher beiläufig erlebbaren Utensilien einer vergangenen, bäuerlichen Welt, die allgegenwärtigen Blicke Pietro Paolos von den Bildern herab, das Hineinträumen in alte Zeiten – schließlich eine Küche mit moderner Technik. Weiß und chromglänzend, sichert sie rasche Erfüllung der eintreffenden Bestellungen der Hungrigen, der Durstigen, der sonnen- und thermalwassermüden Gäste. Frisch gefangener Fisch und »coniglio all'ischitana«, das berühmte Ischia-Kaninchen mit Estragon und Rosmarin und sehr viel Knoblauch, werden gereicht. Salate im Überfluß. Würziges Brot. Und der eigene Wein aus den nahen Bergen, schwarzrot- und goldgelbfarben.

Blicke hinein in den Raum, seine Nischen – sie verlassen den Ort über eine schmale Brüstung, hinaus in die Schlucht, hin zum nahen Meer. Leuchtender Ginster an bizarr aufragenden, durch zahllose Stürme und Winterregen ausgewaschenen Felstürmen. Oleander in Weiß und Rot. Olivenbäume in silbrigem Grün und tiefem Schwarzblau.

Blicke nach draußen in Lichterfluten, die blenden. Wenn sich die Augen an das Licht gewöhnt haben, kann man gelegentlich in der Nähe einen kleinen, ergrauten Mann sehen: den Neffen und Erben von Stalino. Inzwischen auch Großvater, hat er sein unwirklich weißhäutiges, schwarzbraun gelocktes Enkelkind auf dem Arm. Behutsam und liebevoll trägt er es über den ausgewaschenen Fußweg hin zum Meer.

Blicke nach draußen, hinüber zu diesem meist ernsten Mann und dem Kind. Die im Schatten der Bäume und Büsche miteinander spielen: mit Steinen, mit Sand und Wasser aus dem Bachbett. Zwei Menschen, die in solchen Augenblicken so viel gemeinsames Glück finden können.

Fumarole – ein Ort der Dämpfe[10]

Während ich über sie schreibe, meine ich sie zu riechen. Nach urtümlicher Wärme, nach Schwefel riecht dieser Ort am Ende der steilen, zum Meer hinabführenden Wege. Unvermittelt endend zwischen verfallenen Gebäuden aus der Zeit der alten Apollon-Therme und riesigen, aufblühenden Opuntien und Agaven.

Nach den ersten Schritten über den Sand geht der Blick weit: zu den nächsten Küsten, auch hinüber nach Capri. Ganz nahe bei den aufsteigenden Dämpfen aus den Felsspalten der Fumarole.

Am Tage wird sie von Menschen überschwemmt und ihrer Ursprünglichkeit beraubt. Verfremdet durch all die begehrlichen, Sonne und Hitze einfordernden Touristen – vornehmlich aus der Region um Neapel. Schwitzende Menschen, eingegraben in den Wärme verströmenden, heilbringenden Sand. Beschützt von einem schräggestellten, blauen Sonnenschirm.

Zuweilen befreit von den Schweißströmen unter den Augen, unter der Nase, um die Lippen durch ein Tuch in den Händen des von allen geliebten Franco. Franco, der Herrscher über Dämpfe und Hitze. Der Held in Gedanken so vieler Frauen, geschmückt mit einem einfachen Holzkreuz an schwarzer Lederschnur. Der unter lautem Beifall zuweilen ein Tänzchen mit einem seiner Sandopfer über der frisch geschaufelten Mulde wagt.

Lärmende, schwitzende Besucher unter der hohen Sonne. Aber dann, am Abend, innerhalb weniger Minuten ihr Aufbruch. Die Stille danach. Die ersten erfrischenden Winde. Ein Licht, das milde zu werden beginnt, das unvermittelt tief aus sich leuchtet. In Gold, in violettschwarzem Purpur, im Türkis des Meeres.

Kein Kreischen und Lachen und Schreien mehr von Menschen. Stille, begleitet von leisen Wellen. Während der Tagesstunden ihrer Schönheit beraubt, stellt sich nun erneut der ursprüngliche Zauber der Fumarole ein. Ein Wunder geschieht zwischen den dampfenden Felsen und einem Meer, das, so scheint es, ausatmet von dem Lärm des Tages.

Die kleine Bucht der Fumarole gewinnt ihre zeitlosen Farben, ihre Ruhe zurück. Sie beginnt wieder zu leben in der Kühle des sanft aufgleitenden Meeres.

Sorgeto-Bucht – ein Ort zwischen Höhe und Tiefe

Wenn er glaubte, sein Tagewerk geleistet zu haben, begann sich der Wirt des kleinen Lokals an der Sorgeto-Bucht zu schmükken. Bunt war seine Jacke, die er dann trug. Mit stolz erhobenem Haupt betrat »Bambino«, wie Einheimische ihn nannten, die Brüstung seines provisorischen Anwesens.

Der Mann tat es im Vollgefühl, einen langen arbeitsreichen Tag vollbracht zu haben, dessen Mühen in Wirklichkeit aber vor allem seine Frau zu tragen hatte, seit man sich erinnern kann. Stets mit einer graubraunen Mütze bedeckt, blickte er auf die sonnenbadenden, den dampfend-heißen Gewässern sich hingebenden Besucher. Abwechselnd weit übers Meer und herab auf die Menschen blickend – so stand er oft über lange Zeit. Regungslos. Unnahbar. In skurril-verhärmtem Stolz ob soviel vermeintlich harter Arbeit am Ende des Tages. Und die Badenden waren unentwegt damit beschäftigt, die heißen Ströme aus dem Erdinneren mit denen des Meeres in den steinernen Mulden um ihre Körper zu mischen.

Steil ist der Weg hinab zur Sorgeto-Bucht. Vorbei an einsam gelegenen Trattorias und kleinen Pensionen mit herrlich duftenden gelben Rosen. Und dann diese schroff abfallende Küste über einer Bucht mit tiefen und reinen Gewässern der Insel. Über die sich bei Sonnenuntergang purpurne Schatten zu verbreiten beginnen, wenn die westlichen Berghänge in Feuer aufglühen.

Nur noch das Licht, die Farben, die Winde, das Meer sind voller Leben in solchen Stunden. In der Schlucht. Zwischen brodelnden Wassern. Zwischen den Felsen, die im Abendwind leuchten. Eine Stille, zuweilen unterbrochen durch Gewehrfeuer von Jägern.

Cavascura, Fumarole, Sorgeto-Bucht – magische Orte, erfüllt von vulkanischer Kraft. Orte, die eindringen ins Bewußtsein, in die Seele, in Gefühle und Körper. Mit ihrer Düsternis und lichterfüllten Heiterkeit. Mit ihrer brennenden Hitze. Mit ihrer Ruhe am frühen Morgen, ihrer Ruhe am Abend. Wenn anströmendes Meer seine tiefsten Farben erreicht.

Blicke über ein winterliches Meer

Nach dem langen Gespräch mit Dolly stehe ich direkt unterhalb des Terrassenrestaurants Il Girasole. Riesige Felsbrocken als Wellenbrecher und tobende See sind nah. Windböen treiben das Wasser gegen die Barriere. Grün und grau und schmutzig ist das Meer. Fluten von Unrat werden herangetrieben. Ich kann mir nicht vorstellen, daß sich noch vor Monaten, bis weit in den Herbst des vergangenen Jahres hinein, Gäste hier sonnten und schwammen und Sandbäder nahmen.

Die Häuser auf dem Weg hierher sind zur Zeit unbewohnt. Fenster und Türen sind mit Eichenbrettern und Bohlen verschlossen. Kein Durchkommen entlang der steil abstürzenden Felsen, die den langen Maronti-Strand seit Jahren geteilt haben.

Ich lehne mich an einen rostigen Eisenpfosten und blicke zur Terrasse des Girasole. Dabei sehe ich ihn vor mir: jenen außergewöhnlich schönen Mann, der spät am Nachmittag, sich stets mit einem Bein auf den Mauern seines Besitzes abstützend, über das Meer blickte. Ein kraftvoll geschnittener Kopf, herausfordernd, arrogant und abweisend in seiner Attraktivität. Da war er, genoß die Sonne, genoß die Anwesenheit schöner Frauen, genoß das Leben. Und eines Tages stand er mit kahl geschorenem Kopf und gelblich fahler Haut vor seinem Haus. Er blickte noch immer hinaus aufs Meer. Aber seine müden Augen verrieten Abschied.

Nun toben und schäumen Wellen über die Terrassen hinweg, über Holzbohlen und gegen verschlossene Fenster. Blumen, die über die Mauern herabwachsen, scheinen das einzig Lebendige zu sein. Blumen in tiefglühendem Rot und lichtem Hellgelb über den verwitterten Steinen. Ich erlebe eine Poesie der Farben in silbrigem Grauviolett. So vibrierend, so vergänglich.

Meine Blicke gehen den Strand entlang. Nur Gischt und Berge von graugrünen Wellen sehe ich. Felsbarrieren, die sich dagegenzustemmen scheinen. Schreiende Möwen und eine unablässig anrollende See, von der amalfitanischen Küste herüber.

ernst Bursche. Francesco, 1963, Matrose, später Taxibootfahrer, Kreidezeichnung

Kartenspieler in der Bar del Ponte – Lärm und plötzlicher Aufbruch

Am Ende meines ersten Tages bin ich auf der Suche nach den Menschen von Sant'Angelo. Und ich gerate unversehens in das einzige, in diesen Tagen geöffnete Lokal. Ohrenbetäubender Lärm empfängt mich in der Bar del Ponte. Männer, die Karten auf die Tische knallen. Urplötzlich schreien sie, ausbrechenden Vulkanen vergleichbar. Dann zittern sie in höchster Erregung am ganzen Leib. Werden abwechselnd blaß und rot. Legen die Hände ineinander, stoßen sie von sich. Hinein in die Männerrunde, die gleichfalls schreit und lacht und mit unversehens beschwörenden, beruhigenden Stimmen zu vermitteln sucht. Rauhe, besänftigende, samtene Stimmen. Balsam auf die erregten Seelen. Zunächst widerwillig, dann huldvoll entgegengenommen.

Vetraute Gesichter, in die ich blicke. Der Dorffriseur, der Juwelier, der Galeriebesitzer und Maler, der Bruder Carlos, Peppino aus der Tavernetta, der Kofferträger von der nahen Therme Tropical, die Taxibootfahrer sind da. Und die Fischer mit ihrer dunklen, von Sonne und Wind gezeichneter Haut.

Plötzlich spannungsvolle Stille. Nur noch das Klatschen von Karten. Und dann wieder der jähe, mir nicht verständliche Aufruhr. Das scheinbar bedrohliche Schreien – und lächelndes Ausklingen in Sanftmut und versöhnlichem Schulterklopfen.

Mitten hinein in dies lustvolle, grüblerisch-schweigende und jäh ausbrechende Leben der Aufbruch der Männer. Abrupt enden Spiel und Leidenschaft. Sie verlassen seltsam hastig die Bar. Ich blicke auf leere Tische. Die Männer verlieren sich nach kurzem Gruß in der Dunkelheit der Gassen. Im Wind, der über die Boote der Fischer streicht.

Es geht auch Ciro, der kleine Mann aus den Weinbergen. Ciruzzë – wie alle im Dorf ihn nennen –, der, niemals spielend, von Tisch zu Tisch gewechselt hatte. Der die Spieler mit seinen zusammengezogenen Augen unter dicken Brauen und kurz geschnittenem Haar beobachtete. Ein Mann mit tief gebräuntem Gesicht und einer breiten Nase, die dicht über den schmalen Lippen endet. Ein kleinwüchsiger Mann mit kräftiger Statur, der beständig eine Schachtel Zigaretten und ein Feuerzeug in den Händen hält. Er schlurft, von niemandem begrüßt oder verabschiedet, mit raschen Schritten nach draußen: hinunter zum Meer, erneut hinauf, über einen Höhenweg wieder tief hinein in die Schlucht der Cavascura und dann endlich hoch zu den Weinbergen, zu seinem Haus.

Zweiter Tag

Frisch gewaschen vom Regen der vergangenen Nacht und eingetaucht in kaltes Licht, so liegt heute Sant'Angelo unter mir. Männer in grünblauen Windjacken, mit dicken blauen Strickmützen auf dem Kopf, stapfen über den nassen Sand. Die Hände haben sie in den Hosentaschen vergraben. Sie laufen zwischen den Schiffen. Sie blicken über verwitterte Bootskörper, sie streichen behutsam über deren nasses Holz. Und immer wieder gehen ihre Blicke nach oben, die Wolken prüfend, die stürmische Winde erwarten lassen. Die dann gegen die Felswände, hinein in die Schluchten fegen werden, über das schwarzgrüne Macchia-Gebüsch der Hänge hinauf nach Serrara und Testaccio.

Blicke hinab zum Hafen. Keine Touristen sehe ich, nur einige Fischer. Mir scheint, die Menschen im Dorf suchen noch etwas Ruhe vor dem nächsten Frühling. Gleißendes, kaltes Licht. Die Luft ist erfüllt vom Dröhnen der Wellen, die gegen die Barrieren aus Naturstein in blank gewaschenem, hellem Braun und granitfarbenem Grau anrollen. Capri in der Ferne liegt hineingemeißelt in einen blaßblauen Himmel, darüber brauen sich neue Regenschauer zusammen. Fischer kommen in ihrem Boot an, begrüßt von einem alten Mann, der ungeduldig auf Fisch zu warten scheint.

Conchiglia, Peppino, Conte, Ridente und Pescatore und all die anderen Häuser mit langer Tradition sind noch geschlossen. Häuser mit Fenstern zum Meer, die oft durch eingezogene Bretter oder dicke Pappkartons geschützt werden. Die Häuser scheinen mir in diesen Tagen älter noch als sonst. Schmutzig grau ist der Verputz. Überall bröckelt er, durchzogen von tiefen Rissen. Kaum mehr leuchten Farben. Feucht durchtränktes Rosa, graues Gelb; graugrüne Fensterläden, verriegelt. Streunende Hunde. Und dazwischen die Fischer… Winterende in Sant'Angelo.

Ich habe den Eindruck, dass die Menschen in ihrem gewohnten Leben innehalten, auf bessere Tage warten. Auf ein nächstes, ankommendes Boot. Auf wärmende Winde vom Meer her. Auf ein erstes Leuchten der Sonne des nahen Frühlings. Doch auch jetzt begegne ich Männern bei der Arbeit. Wie die Fischer tragen sie Mützen in dunklem Blau. Spuren der letzten schweren Winterstürme wollen sie beseitigen. Mauern ergänzen, Putz auffrischen, Schadhaftes ausbessern. Sie mischen Sand und Zement. Sie schaufeln beiseite und türmen Steine aufeinander. Überall sind Risse sichtbar. Mauern und Wände von Häusern, oft schon erneuert, sind zu einem unvergleichlichen Ganzen gefügt. Eine Symphonie von Formen und Farben.

Zwischen all dem Arbeiten und Hämmern und Ausbessern und dem Fischerboote-an-Land-Ziehen und Netzeflicken geht Ciruzzë in seinem viel zu langen Pullover, in seinen viel zu weiten Hosen. Seine Kleidung ist grau und einhüllend, vor der feuchten Kälte in seinem unbeheizten Haus in den Weinbergen schützend. Er geht langsam, die Arme auf dem Rücken verschränkt. Mit seinen schmalen Augen alles um ihn herum beobachtend und prüfend. Zuweilen grüßt er in irgendeine Richtung, ruft einen Namen, ruft Worte, die mir in seinem Dialekt unverständlich sind.

Dollys Leben vor Sant'Angelo

Nach meinem morgendlichen Gang zum Dorf trafen wir uns wieder. An diesem zweiten Tag sprachen wir über ihr Leben vor jener ersten Reise nach Sant'Angelo. Dolly erinnerte sich an die Jahre in Bremen, wo sie 1913 geboren wurde, an ihr Elternhaus in der Hollerallee 52.

Sie erzählte von ihrer fantasievollen, künstlerisch begabten Mutter und der ökonomisch-realistischen Lebenshaltung ihres Vaters. Durch ihn, einen Bauernsohn, hatte sie zeitlebens eine starke Bindung an das Landleben, zu den Meierhöfen der Familien Bremer im Gebiet um Walsrode, dort seit Jahrhunderten ansässig. Der Prägung durch die bäuerliche Geschichte der Familie stand eine Neigung zur Kunst gegenüber. Die Welt der Künstler, der handwerklich Begabten, der kreativen Mutter – Gegenpol zum unentwegt kalkulierenden Vater. Bäuerliche Wurzeln und die Verführung durch die künstlerisch-kreative Welt waren in der Tochter vereint.

Dolly erzählte von den unvergeßlichen Sommerwochen auf dem Lande. Von ihrer ersten, mit dreiundzwanzig Jahren geschlossenen Ehe. Einem Leben unter Juristen und Militärs. Von Stiftungsfesten studentischer Verbindungen. Und von einem Leben ohne geistige Ansprache, in dem sie sich stets als Außenseiterin fühlte.

Nach der Trauung in der Liebfrauenkirche und der Hochzeit im Essighaus in Bremen ging es auf die plötzlich umgeplante Hochzeitsreise nach Berlin zur Olympiade im Juli 1936, bei der das erst dreijährige Reich der Welt seine perfekt organisierte, glanzvolle Fassade zeigte.

Im überfüllten, heißen Berlin angekommen, gab es auch kein Privatquartier mehr, bis uns eine befreundete Ärztin an der Charité rettete. Unter größter Geheimhaltung vor der Oberin wies sie mir ein benutztes Bett einer Urlauberin im Schwesterntrakt und meinem Mann eines bei den Pflegern zu. Wir durften uns nur im Dunkeln und bis zehn Uhr wegen Eingangssperre einfinden. Ein sehr romantischer Eheauftakt. Doch auch die schönsten Fassaden stürzen früher oder später – das Reich neun Jahre danach, meine Ehe nach sieben Monaten.

Bald nach der Rückkehr nach Bremen brach Dolly aus. Sie verließ die ihr fremde Welt, nachdem sie 1937 eine Aufführung von »Towarisch« gesehen hatte, an dessen Autor sie sich aber nicht mehr erinnern konnte. Das Stück erzählt von russischen Adligen im Exil. Von einem Leben in Armut und aristokratischer Würde. Dolly fühlte, daß dies ihrer eigenen Überzeugung entsprach: Die Frage von Reich- oder Armsein sollte für die Einstellung zum Leben ohne Bedeutung sein. Kurz nach dem einschneidenden Erlebnis verließ sie ihren Mann und kehrte in ihr Elternhaus zurück, wo sie bis zum frühen Tod ihrer Mutter blieb.

Einige Zeit später begab sie sich auf die Suche nach einem neuen, anderen Leben. Sie ging auf Reisen.

Im Februar 1939 kam ich von einer meiner Reisen nach München, und zwar über Paris. Dort lebte ich einen ganzen Monat bei Freunden. Dann also wohin mit mir? Ich wollte eigentlich nach Wien, aber in München konnte ich in der Vierten-Klasse-Eisenbahn nicht mehr sitzen. Und so stieg ich in München aus und blieb dort zwanzig Jahre. Das war mein Schicksal.

In München war mein erster Weg zum Arbeitsamt, da ich keinen finanziellen Rückhalt hatte durch die Wiederheirat meines Vaters. Schließlich fand ich eine Stelle im Büro einer Ölfirma. Dann brach am 1. September der Krieg aus. Darauf schrieb mir mein Vater: ‚Laß die Hände vom Medizinstudium. Du wirst sofort als Krankenschwester eingesetzt. Und Du kommst bestimmt ins Lazarett an die Front. Laß es sein, bleib in Deinem Büro und mach so weiter.' Und dort bin ich auch geblieben bis 1959, als ich endgültig nach Ischia ging.

Es war ein wunderbares Leben in München, in Schwabing. Dort in München habe ich auch etwas Wesentliches gelernt: Daß das, was man wirklich effektiv tut im Leben, womit man seine Brötchen verdient, weniger wichtig ist als das Milieu oder der Kreis, in dem man lebt und der einen seelisch und geistig ernährt. Also, ich war immer bereit zu arbeiten, ich hätte auch eine Würst-

chenbude aufgemacht. Aber mein Kreis, zu dem ich gehörte, das war mir das Wichtigste. Das war ein Juwel.

Ich erinnere mich an die Münchner »Mappe«-Abende, an denen sich jeden Mittwoch ein Freundeskreis des Antiquariats Wölfle, Amalienstraße, in einem der Münchner Beisl – einer kleinen, einfachen Gassenschenke – bei Verdunkelung mit Taschenlampen traf. Dann wurde über Kunst und Literatur geredet. Dabei konnte jeder zu dem jeweiligen Tagesmotto beitragen, wie zum Beispiel »Ikone« oder »Inkunabeln«.

Die gerade frontbeurlaubten Archäologen, Historiker oder Literaten referierten dann sachkundig über ihre mitgebrachten Stücke. So erschien auch ein Soldat, noch in Uniform, mit einem romanischen Kruzifix aus Elfenbein geschnitzt, eine Seltenheit, das er in Frankreichs Erde gefunden hatte. Während es von Hand zu Hand ging, konnte es jeder bewundern.

Das alles bei dem Standardangebot von einem Teller »Lebersauer und ein Knödel« für 80 Pfennige – Speisekarte erübrigte sich. Bis die Alarmsirene, den Feindeinflug verkündend, uns in den nächsten Keller trieb, wo wir zusammengefercht mit Hausbewohnern auf Einschläge horchten bis zur erlösenden Entwarnung. Wir waren trotz allem glücklich in unserer Gemeinschaft.

Unter meinen Freunden waren auch sonst viele bildende Künstler. Es gab eine bestimmte Lebenseinstellung, die uns alle miteinander verband. Es war eine wunderbare Zeit. Da spielte es gar keine Rolle, daß ich tagsüber Büroarbeit machte. Was mir einzig und allein liegt, ist dies total unbürgerliche Leben. Das ist so etwas Wunderbares. Gott sei Dank habe ich das auch hier. Ich könnte auch nicht anders leben und arbeiten.

Nach der Rückkehr von meiner ersten Reise nach Sant'Angelo ging das Leben in München weiter, wie es eben weitergehen mußte. Bis zum Urlaub übers Jahr. Erst zu Weihnachten 1958/59 wurde ich hier von meiner zukünftigen Schwiegermutter eingeladen. Und am 1. März 1959 kam ich hierher – für ganz, total. Da *habe ich abends in meiner leergeräumten Wohnung in Schwabing gesessen, auf dem nackten Fußboden, das Telefon neben mir. Meine zwei Koffer standen an der Tür. Und ich habe mich – ich hatte niemanden von meinem Vorhaben unterrichtet – telefonisch verabschiedet von meinen Freunden ringsherum. Die sagten alle: ‚Du bist verrückt. Was machst du?' Und: ‚Warum hast du nichts gesagt?' Und: ‚Warum bleibst du nicht bei uns?' Und: ‚Nein?' Ich sagte: ‚Nein, ich fahre morgen früh ab.'*

Neubeginn auf Ischia

Was waren das für erste Jahre – nach dem Leben im Münchner Schwabingviertel der Künstler, der Maler und Bildhauer und Literaten. Und der Anfang war Mühsal und Arbeit, oft Kälte und Einsamkeit.

Nach gemeinsamen Inselwochen, nach Wanderungen über den damals noch breiten Maronti-Strand und über die Berge um Serrara und Barano, vertraute Tonino seiner Mutter eines Tages an, daß er Dolly »möchte«. Die Mutter sprach mit Tante Rosella, bei der sie wohnte. Und diese fragte die Umworbene: »Würdest du denn Tonino heiraten?« Und Dolly sagte »Ja«.

Danach verbrachte sie in der Regel einmal im Jahr, zuweilen zweimal, Urlaubstage in Sant'Angelo. Bis zum Weihnachtsfest 1958, zu dem sie in die Familie eingeladen war. In jenen Tagen schlief Dolly im riesigen Ehebett neben der Mutter, anstelle des verstorbenen Vaters. Es war ein großer Raum mit Tonnengewölbe in dem alten Haus am Hafen, durch einen Vorhang getrennt vom anderen Teil, in welchem Tonino und seine fünf Brüder schliefen.

Da saßen am Weihnachtsmorgen Tonino und ich in der Wintersonne bei der Mutter auf der Treppe. Ich dachte: Wovon sollen wir essen? Und dann sagte ich zu Tonino: ‚Ja, kann man hier denn kein Haus mieten und Gäste haben?' Tonino schaute mich an und sagte: ‚Ja, si', stand auf und ging weg und sagte weiter kein Wort. Ich dachte: Komisch, es war doch wichtig. Er stand einfach auf und ging weg! Nach fünf Minuten kam er wieder mit der dicken Assunta, der Schwester von Alberto vom Miramare, die mit einem dicken Schlüsselbund rasselte. Assunta ging vorneweg, Tonino hinterher und ich hintennach zu einem Haus. Assunta öffnete das Haus und Tonino sagt mir: ‚Dies Haus können wir mieten.'

Es war ein Neubau mit Möbeln, mit Betten, alles für den zukünftigen Fremdenverkehr hergestellt. Oder für eine Familie, Sohn oder Tochter, die heiraten. Dann haben wir den Preis ausgemacht, zugesagt und einen Vertrag gemacht auf zwei Jahre. Ich habe das Geld Tonino überwiesen. Jetzt hatten wir ein Dach über dem Kopf. Das war klar. Dann kam ich her im März und gleich in die Casa Assunta hinein.

Ich hatte mir gar keine Kleider mitgebracht, gerade ein Sommerkleid. Habe die beiden Koffer voll mit hundert Metern Stoff, Dekorationsstoff mitgebracht und was alles dazu gehörte. Dann habe ich damit für diese sehr primitiven Betten Decken machen lassen und Vorhänge für alle Zimmer bei einer Frau im Dorf. Jedes Zimmer hatte seine Farbe. Das war der Anfang.

Aber das Nette und Reizende war ja: Nun kam sehr schnell der Sommer. Und auf einmal standen meine Gäste vor der Tür. Das waren die Maler und Bildhauer aus München, die sagten: ‚Jetzt fahren wir dahin. Wir wollen mal sehen, wo die Dolly abgeblieben ist. Das müssen wir doch sehen.'

Die ersten Winter im Dorf

Nach der ersten Saison in dem gemieteten Haus machten Dolly und Tonino die Casa Garibaldi – ein Haus von Verwandten

Toninos, hoch über der Maronti-Bucht gelegen – für vier Jahre zum sommerlichen, begehrten Ziel vieler Gäste, vor allem der Münchner Künstlerfreunde. Aber da waren auch die Winter mit der Einsamkeit und Kälte der langen Monate, ohne Gäste.

Das muß man sich vorstellen: Ich konnte kaum lesen. Es gab – wie zum Teil heute noch in manchen Häusern – eine Funzel, die neben dem Bett war. Wahrscheinlich eine 25er Glühbirne. Es genügte ja auch, um das Bett zu finden. Es liest ja kein Mensch hier. Fernsehen gab es überhaupt noch nicht. Kein Nichts in der Stille und der Dunkelheit. Und in der Kälte und Feuchtigkeit lag man dann da. Die Abende, die Nächte, die Einsamkeit. Das war das Allerschlimmste in den ersten Jahren. Das begann schon im Oktober. Damals war Anfang Oktober Saisonschluß.

Ich ging, um Bewegung zu haben, um überhaupt dieser Dunkelheit und Kälte abends wenigstens etwas zu entfliehen, für eine Stunde oder zwei zu meiner Schwiegermutter hinunter zur Piazza, ins Elternhaus von Tonino. Die Schwiegermutter saß unter einem Gewölbe im einzigen großen Raum des Hauses, in welchem bis zu zehn Personen schliefen. Dort baumelte ebenfalls nur eine schwache Glühbirne von der Decke.

Meine Schwiegermutter Sofia, nach der auch die Pension benannt ist, saß über der Braciere. Das ist ein flaches, kupfernes Holzkohlebecken, das draußen auf der Terrasse entzündet wurde. Es durften keine Flammen sein. Man wartete, bis die Glut unter der Asche war. Dann wurde es erst ins Haus getragen. Und so saßen alle Frauen hier, und ich auch, mit meiner Schwiegermutter um die Braciere herum. Die hat einen breiten Rand, und da stellte man die Füße drauf. Die Zehenspitzen wenigstens. Das war alles.

Dann erzählte mir bei dieser Funzel meine Schwiegermutter – die Geschichte kannte ich zwar, aber ich wollte sie ja glücklich machen mit meinem Zuhören – von der heiligen Genoveva. Daß die Genoveva im Wald war, und ihre Haare so lang bis auf die Zehen hingen. Das war ihr einziges Kleidungsstück, was sie hatte, daß sie sich in ihre Haare hüllte. Und dann kam der Prinz… Ich weiß nicht mehr die ganze Geschichte. Die erzählte sie mir, dann war sie selig. Genoveva ist heiliggesprochen worden.

Wir Frauen erzählten uns etwas. Manchmal nähte die Schwiegermutter noch dabei oder stopfte irgend etwas. Mehr oder weniger grob, was gerade kaputt war, für die sechs Söhne und zwei Töchter. Zwölf hatte sie im ganzen. Vier sind jung gestorben.

So war es hier. In der Casa Garibaldi gab es die Holzkohlebekken nicht. Wir hätten ja eins kaufen können, aber das haben wir nicht gemacht. Tonino fror es nie. Der war an der Piazza bei all den Männern abends, wo Frauen nichts zu suchen hatten. Und so gegen acht oder neun kam er dann herauf. Bei gutem Wetter saß er direkt auf der Piazza, ansonsten irgendwo drinnen. Die Männer unterhielten sich, sahen zu, wenn andere Karten spielten, machten ihre Witze. Dann schaute ich immer auf die Piazza, ob ich ihn erwische, damit ich mit ihm raufgehen konnte. Manchmal habe ich ihn nicht erwischt. Das war schlimm. Dann kam er herauf, das Haus war dunkel. Ich war nicht da. Das durfte ich nicht machen. Da habe ich immer sehr aufpassen müssen, daß ich noch vor ihm oben war. So war das in den ersten vier Wintern in der Casa Garibaldi.

In dieser Zeit haben wir unser Haus gebaut, der Casa Garibaldi genau gegenüber. Da waren natürlich helles Licht und Elektroöfen. Die fünf Jahre 1959 bis 1964 waren sehr hart, aber sicher waren sie gut für mich. Ich habe mich einsam gefühlt in der Casa Garibaldi während der ersten Winter. Da habe ich die Einsamkeit empfunden. Das war kein Wunder. Wenn technisch nichts da ist, dann liest du im Halbdunkel, so lange der Lesestoff reicht – und dann geht auch noch das Licht weg. Und du liest bei einer Kerze in furchtbarer Kälte und Kühle und Feuchtigkeit. Das war schon sehr wenig. Also, weniger ist in einer Gefängniszelle auch nicht.

Das schafft Einsamkeit trotz des Partners, den man liebt, weil ich in der Zwischenzeit nicht, so wie später, malen oder verreisen konnte. Aber das hatte auch sein Gutes. Da mußte man auf Grundeis gehen mit sich selbst. Das ist sowieso wichtig. Wenn du einen solchen Schritt machst, mußt du bis auf »Null« runter. Blanker Fußboden. Und von da fängst du an. In kleinen Schritten. Das war sehr gut, dieses Leiden damals. Wirklich. Diese Einsamkeit.

Essen in der Casa Garibaldi

Einsamkeit und Dunkelheit und Kälte während der langen Wintermonate – Dolly war bewegt von ihren Erinnerungen. Doch sie erlebte auch eine andere Zeit während des Sommers, wenn die Gäste in die Casa Garibaldi kamen: in ein einfaches Haus in Pompejirot, die Keimzelle der heutigen Pension gleichen Namens.

Ich hatte meine Küche. Heute ist das ein winziges Zimmerchen mit einem Bett und einem Stuhl, der kaum hineingeht. Das war meine Küche. Da hatte ich meine Sachen. So konnte man von der Küche aus – es war ja kein Speiseraum da – auf die Terrasse hinaus servieren. Da standen drei, vier, fünf Tische, mehr oder weniger wackelig, ebenso die Stühle. Die Terrasse war nicht gepflastert. Man sank in Erde ein. Man saß auch immer schief. Der Suppenteller schwappte über. Die Küche war mit mein Hauptarbeitsplatz. Abends wurde warm gegessen – genau wie hier in der Casa Sofia. Dieselbe Zeit, dieselbe Arbeit. Aber es war wunderschön.

Und als wir 1964 in unser eigenes Haus rübergegangen sind und alle meine Gäste mir nachzogen, sagten die Verwöhntesten, die da waren: ‚Gott, war das schön in Garibaldi!' Alle Mängel taten der Bombenstimmung beim Wein bis nach Mitternacht unter den

Malern und Bildhauern wie Ferenz, Niesmann, Niederreuther, Dietz, Schilcher und Kiessling keinen Abbruch. Es war herrlich.

Wir hatten ja keinen Eßraum. Manchmal kam ein Gewitter mitten während des Essens. Dann ging jeder rauf in sein Zimmer, setzte sich auf sein Bett. Oben im Haus waren fünf Zimmer und unten auch noch ein oder zwei. Wie das heute auch ist, nur wird heute unten nicht mehr vermietet. Den unteren Stock bewohnt die Eigentümerfamilie. Im ganzen hatte ich für die Gäste genau so viele Zimmer wie hier: acht Zimmer.

Dann setzten die Gäste sich auf den Bettrand. Ich hing mir eine Regenhaut über, die Spaghettischüssel drunter vor dem Bauch, denn man kam nur über die Außentreppe in den Oberstock, wie das hier üblich war. Die Regenhaut beiseite gelegt. Jeder hatte seinen Teller in der Hand. Jeder bekam einen Schlag hinein. Nachher ging ich nochmal mit allem durch. Dann kriegten sie das andere Essen. Weinflaschen sowieso – die wurden raufgebracht. So aß man dann, wenn Gewitter war. Und das fanden die Gäste natürlich himmlisch.

Weil wir oft mehr Gäste hatten als Betten, schliefen Tonino und ich dann auf einem Drahtgestell – mit Sonnenschirm gegen die Mondhelle – unter den Bäumen auf der Terrasse. Nicht ohne manchmal vor einem Regenguß in die Küche zu flüchten, wo der Tisch seine nächtlichen Dienste tat. Das geschah gewöhnlich an den Wochenenden, wenn von der Besatzung eines amerikanischen Flugzeugträgers im Golf von Neapel einige »Amis« unangemeldet Urlaub machten. Sie schwankten frisch und fröhlich zur Tür herein: ‚Hello Dolly'. Unter dem Arm ein Paket Bettücher – statt Bezahlung. Ich machte das Tauschgeschäft gerne mit, konnte ich doch nie bis auf den heutigen Tag größere, schönere und bessere Bettwäsche den Gästen bieten.

Man braucht so wenig zum Leben. Das hat mich so entzückt. Dies wenige, das man im Grunde braucht. Aber Spaghetti machen glücklich! Und das darf man nicht vergessen: Durch Jahrhunderte hindurch haben die Spaghetti und die Pizza die Italiener über ihre Armut getragen. Es wird jeder satt. Spaghetti und Pizza sind ja ein ausgesprochenes Armenessen, aber jeder wurde satt und fühlte sich wohl. Das andere war nur Begleitung. Hauptsache Wein, Brot und Spaghetti. Dann hatte man noch etwas Käse oder Salami. Das war's. Wunschlos glücklich. Fisch aus dem Meer. Und vielleicht mal Fleisch. Allerdings, bei Fleisch muß ich sagen: Da kam die Bäuerin, und man aß sonntags Kaninchen, grundsätzlich. Zuerst aß man die wilden Kaninchen vom Epomeo. Nachher von den Bäuerinnen, da waren es schon Stallhasen. Denn die wilden Kaninchen waren ausgestorben, die waren weggeschossen von den Jägern.

Vom Schlachten eines Ochsen

Es war ein einfaches Leben in jener Zeit, von der Dolly mir berichtete. Dabei kam sie auf ein Ereignis im Dorf zu sprechen, das mich in seinem archaischen Charakter betroffen machte:

Einmal in der Woche kam am Freitagabend der Metzger von irgendwo her, von der Insel. Aber erst um Mitternach, wohlweislich, trieb er jede Woche einen Ochsen, der so alt war, daß er ihm ein Bein vors andere setzen mußte, auf die Piazza. Durch einen dieser großen Torbogen auf der Piazza – jetzt gehört er zum Restaurant Pescatore –, mit einer riesigen alten Holztür, durch die der Ochse hindurchgetrieben wurde.

Und die Bevölkerung von Sant'Angelo – die Jugend vor allen Dingen und die Männer, Frauen ja nicht, und wir natürlich, wir Ausländer –, wir standen dann alle da und harrten der Dinge. Dann wurde der Ochse da drinnen getötet, auseinandergenommen. Wenn das Blut unter der Tür auf die Piazza floß, riefen alle: ‚Fleisch, Fleisch, Fleisch. Jetzt gibt's Fleisch.' Dann dauerte es etwas, und der Metzger kam heraus, machte das Tor auf. Dann konnte jeder sich noch warmes Fleisch kaufen. Während er schlach-

tete, war die Tür verschlossen, bis der Verkauf frei war. Und dann kauften sich alle ein Stück Fleisch für das sonntägliche Essen.

Warten auf das Wasserschiff

Die ersten Jahre waren für Dolly und Tonino voller Entbehrungen. Schließlich wagten sie einen großen Schritt: Sie kauften ein Stück Land oberhalb der Steilküste, mit weitem Blick nach Capri. Ein verwildertes Grundstück mit Macchia, Olivenbäumen und Agaven. Innerhalb weniger Monate wurde hier eine Pension von Celestino errichtet, einem der begabten Handwerker, die damals nach eigenen Entwürfen bauten. Und oft in den folgenden Jahren, während des Sommers, war Wasser ein von allen ersehntes Gut, zumal die Zisternen durch den erhöhten Bedarf der Touristen nicht mehr ausreichten.

Das Wasserschiff aus Neapel kam einmal im Monat für alle. Und die Sommer waren lang und heiß. Oft vergingen fünf Monate in Hitze und ohne Regen. Die großen Hotels wie Miramare, die sehr viel mehr Zimmer hatten, bestellten sich das Wasserschiff persönlich, nur für ihre Zisterne. Die mußten natürlich enorm viel bezahlen, aber sie hatten ja auch große Einnahmen. Aber wir Kleinen konnten das nicht. Also stand Tonino immer mit dem Fernglas auf der Terrasse. Er sagte: ‚Ach, wir haben kein Wasser mehr.' Da bin ich oft morgens um sieben in die Nachbarschaft gegangen und habe gebeten, ob sie mir einen Krug für Tee und Kaffee mit vier, fünf Litern Wasser geben könnten. Nur für das Frühstück, denn unsere Zisterne war bereits leer.

Wenn es ums Duschen ging, habe ich immer gesagt: ‚Bitte im Meer.' Wenn das Wasserschiff gekommen war, haben meine Gäste dann wieder geduscht. Sie waren auch rücksichtsvoll. Ich sagte: ‚Bitte nur ganz kurz duschen.' Das viele Duschen war noch nicht so ein Problem damals. So amerikanisiert waren wir noch nicht.

Tonino schaute also von unserem Haus aus mit dem Fernglas

übers Meer nach dem Wasserschiff von Neapel. Plötzlich rief er: ‚Das Wasserschiff kommt!‘ Da sahen wir dann, hinten bei Capri, langsam einen Tanker näherkommen. Bei so etwas war Tonino ja schlau. Da stiegen Männer aus: solche Muskeln, solche Schläuche! Die Schläuche mußten den ganzen Hang – unten in der Bucht lag das Wasserschiff – hinauf in unsere Zisterne gelegt werden. Die Männer waren ja verpflichtet, zumal wir auch Pensionsgäste hatten, daß sie uns unseren Anteil gaben. Ich glaube, sie hätten sonst gesagt: ‚Macht Euren Kram alleine. Da oben rauf – nein.‘

Tonino hat sie immer bestochen, immer beschwatzt. Die kriegten jedesmal auf der Terrasse eine Riesenbrotzeit, dazu mit viel Wein und allem, was wir hatten. Sie durften die Zisterne nach Vorschrift nur gut halb vollmachen. Dann sah ich Tonino immer unter dem Tisch hantieren, wie Geld von einer Tasche in die andere ging. Dadurch kriegten wir die Zisterne voll. Ohne Schwarzhandel oder Bestechung geht's eben doch nicht.

Stürme

Nach meinen Sturmerfahrungen der zurückliegenden Tage wollte ich wissen: »Was geschah in dem Dorf, wenn Wind und Meer über die Häuser hereinbrachen?« Und Dolly fuhr fort:

Seit 1960, als der Tourismus so richtig begann, waren die Ristorante gezwungen, sich einen Kühlschrank anzuschaffen, schon wegen der Butter, Sahne, Milch und vielem anderen, das es vorher nicht gab. Früher hatte doch kein Mensch hier einen Kühlschrank. In die Kühlschränke der Ristorante an der Piazza rauschte bei Sturm das Meer hinein. Und sie schwappten im Salzwasser, verrosteten, waren unbrauchbar, damals ein großer Verlust.

Wenn also kräftiger Wind kam aus Richtung Südosten, dann hieß das, daß das Meer praktisch reindrückte in den Hafen und die Mole überschwemmte und rein in die Häuser. Dann konnte zum Beispiel die Familie meines Mannes gar nicht außer Haus gehen und viele andere auch nicht. Und dann liefen die Kinder über die Dächer – die Dächer sind ja fast alle miteinander verbunden. Sie mußten ja schließlich Spaghetti und Brot kaufen. Das Sturmhochwasser dauerte oft tagelang. Dann wurden die Kinder losgeschickt und hopsten über die Dächer und kauften Brot und Spaghetti ein und was so nötig ist. Motorboote gab es in jener Zeit noch nicht. Man ruderte.

Elektrizität gab es aber schon, denn es war an der Ecke der Piazza eine Glühbirne. Und irgendwo war noch ein ganz schwaches Licht. Aber nicht in den Häusern. Bei meiner Schwiegermutter, zum Beispiel, war auch am Anfang noch kein Licht. Später hatte sie in der Mitte des Raums eine schwache Glühbirne baumeln. Lampen hatte niemand.

Dollys Schilderungen von vergangenen Zeiten lösten in mir eigene Erinnerungen an meine ersten Besuche von Sant'Angelo aus: an Traubenverkäuferinnen und Maultierführer...

Traubenverkäuferinnen am Maronti-Strand

Der dunkle Sand staubte unter ihren Füßen. Grob war er und über Monate glühend heiß. So gingen die Bäuerinnen, aufrecht und stolz, von den ersten kleinen Buchten bei der dampfenden Fumarole bis zum Ende des Maronti-Strandes. Um schließlich jene schwarzen Felsen zu erreichen, die Ruhe und »heilende Spannung« verheißen. Und oft schmerzte der Sand unter den nackten Füßen der Frauen, die aus den Dörfern in den Bergen kamen, aus dem Inneren der Insel mit dem überquellenden Reichtum an Orangen und Zitronen, Feigen und Trauben – der jeweiligen Jahreszeit entsprechend.

Die eine der Frauen suchte, einem Sturmwind gleich, den Strand zu erobern. Klein und gedrungen, mit kühn gerafften Röcken, mit dunklen Haaren und verwegen blickenden Augen – so schritt sie mit hochbepacktem Obstkorb daher. Vor allem Trauben galt es anzupreisen: »Schöne Trauben – billige Trauben.« Sie rief es mit heiserer Stimme und nichts entging ihr dabei. Bis sich ihre nackten Füße eines Tages in den Netzen eines »Fischers« verfingen. Sie verließ den Strand – für ein Leben mit Spaghetti und Fischen und dankbaren Gästen. In einem Restaurant, bis heute für sie eine Art Theaterbühne.

Da war eine andere Frau, groß und schlank und mit schwarzem Haar. Stets schneeweiß und bodenlang waren ihre weitschwingenden Kleider. Spitzengesäumt an den kurzen Ärmeln sowie am Rocksaum. Mit Körben voller Obst auf dem Kopf lief sie über den Sand. Auch sie pries ihre »frischen, süßen Trauben« an. Über Stunden und Tage, während vieler Jahre erklang ihre Stimme bis zu den schwarzen Felsen.

Schneeweiß und lang sind noch immer die Kleider der Frau auf ihren harten Wegen. Aber das Haar beginnt seinen schwarzen Glanz unter der Sonne zu verlieren. Das Gesicht büßt an Frische und Jugendlichkeit ein. Und doch muß sie weiter. Vorbei an Menschen, die oft keine Trauben wollen, auch keine »frischen und süßen«. Ihre Bühne ist der staubig heiße Strand geblieben. Und ihre Stimme wird heiser, ihre Schritte werden langsam im tiefen Sand.

Zwei Strandgängerinnen, die in herrlichstem Neapolitanisch und biederem Touristendeutsch Trauben anpriesen. Augen der einen, die alt und müde werden – Augen der anderen, die noch immer vor Leben sprühen.

Traubenverkäuferinnen am Maronti-Strand. Bei aller Vertrautheit mit ihrer Geschichte fällt es mir schwer, ihre Lebenswege wirklich zu erfassen. Ich ahne: Vielleicht werde ich hier noch lange ein Fremder bleiben.

Hugo Kiessling. Sonntag in Sant'Angelo, um 1965, Federzeichnung

Der letzte Maultierführer

Die Gäste von Sant'Angelo saßen auf der Piazza, sonnengebräunt und abendfrisch. Mit neugierigen, oft auch gelangweilten Blicken erwarteten sie die Neuankömmlinge aus überwiegend nördlichen Ländern. Mit Wohlgefallen sahen sie den hochbepackten Maultieren, ihren Führern, den *mulattieri*, und den »Neuen« hinterher, wie sie über die Piazza gingen, hinein in die Gassen, hinauf auf den Berg Richtung Serrara.

Ausdrucksvolle Gesichter hatten diese Männer, die ihre Tiere führten. Auf den Steinen des Platzes schlurfende Hufe der Maultiere und das sanfte, beruhigende, antreibende Rufen der schmalen und kleinen, der kraftstrotzenden und hageren Männer von Sant'Angelo und aus den Dörfern ringsum. Tief in meine Erinnerung hat sich all dies eingegraben.

Wovon ich spreche, worüber ich schreibe? Es ist eine Zeit, die es heute nicht mehr gibt – auch nicht mehr in diesem Dorf an der Südspitze der Insel.

Sie sind nicht mehr zu sehen: die Gepäckträger, die Maultiere mit ihren riesigen Ohren und ihrem weichgrauen Fell. Vorbei ist diese Zeit der Maultiere mit ihren geduldigen, sanften Augen. Dem mühseligen Schleppen. Dem Ankommen bei den Häusern. Vorbei auch die Zeit eines Platzes am Meer, als dort die Maultiere ruhten und fraßen und oft in der Nacht in den Höhlen schliefen. Ein Ort ganz eigener Art. Denn hier roch es nach Tieren, nach Heu, nach ihrem Leben, nach ihrem Fell. Man hörte ihr Atmen, ihre Schreie.

Und die Führer der Tiere mit ihren Mützen! Stets schief saßen sie auf dem Haar, über den sonnenverbrannten Gesichtern. Ihre Farben leuchteten in rostbraunem Rot und Türkis. In intensivem Blau und einem Gelb, das oft strahlender war als der Ginster im Frühling.

Diese Mützen lassen mich an einen alten Mann aus den Bergen denken, der immer ernst dreinschaute. Am frühen Morgen, wenn er mit seinen durch lose Seile miteinander verbundenen Maultieren von seinem Dorf herabkam. Am späten Abend, wenn er wieder nach Hause wollte. Mit müden Schritten, oft sich festhaltend am Schwanz des letzten Tieres. Ein Mann mit grauen Bartstoppeln. Und mit einer fast schon legendären Mütze, deren Farbe nur die brennende Sonne und der Wind in einem langen Leben zuwegebringen kann.

Die Mützen, die Augen der Männer sind es, an die ich denke. Auf sie blickte ich, wenn sie die Gespanne führten, die Seile in Händen hielten. Und die Maultiere auf den steilen Wegen ermutigten, sie mit verführerisch klingenden Lauten, mit dem Schnalzen ihrer Zungen zum Weitergehen aufmunterten.

All dies ist vergangen. Nichts mehr davon ist zu sehen, zu hören, zu riechen. Es sind Elektrokarren, die nun die Arbeit übernommen haben. Aufrecht und stolz steuern die Männer ihre neuen »Mulis« durch das Dorf. Nur einer noch ist geblieben: ein Mann aus dem Nachbarort, der mit melancholischen Blicken die letzten Maultiere[11] nach Sant'Angelo führt. Müde scheinen sie mir: die Tiere, die Bewegungen ihrer Beine, die Blicke und Schritte des Mannes mit seinen weiten, graublauen Hosen, halb verdeckt von seinem vielfarbigen Baumwollhemd.

So zieht das Gespann mit seinem Führer vorbei. Unwillig wie stets, zögerlich, manchmal jählings ausgleitend, wie ich es immer in meinen Ohren, in meiner Seele bewahren werde. So gehen die Tiere, vielleicht ein letztes Mal in diesem Jahr, vielleicht für immer. Hoch beladen mit Säcken von Zement, mit Steinen für die Häuser an den Hängen, zum Bau von immer neuen Mauern. Schwer tragen sie. Müde und alt sind sie.

Neugierige Touristen versuchen, die Szene mit ihren Kameras festzuhalten. Aber wenig von all dem kann festgehalten werden. Die Einsamkeit, die Trauer des letzten Maultierführers – sie lassen mich schweigsam werden. Seine melancholischen Augen, so will mir scheinen, blicken zurück in vergangene Zeiten, erfüllt von Farben und Gerüchen. Und von Heu, das Geborgenheit verhieß. Nach einem Tag voller Mühsal durch die alten Gassen von Sant'Angelo, über die Wege hinauf in die Berge.

Dritter Tag

Von Kälte und Dunkelheit hatten Dolly und ich am Tag zuvor gesprochen. Aber dann, kaum vierundzwanzig Stunden später, erlebe ich die Rückkehr des Lichts. In Minutenschnelle strahlende Helligkeit, die sich über das frisch gewaschene Land ergießt.

Wieder stehe ich an der Steinbarriere, die das Girasole gegen das anbrandende Meer schützen soll. Der weite Strand liegt noch immer menschenleer. Doch über den grünen Hängen schon das Blau des Südens. Blüten an den Felsabbrüchen in leuchtendem Gelb. Erste Knospen an den Kakteen und dunkles Rot von Blumen, die ich nicht kenne.

Das Meer ist noch aufgewühlt vom nächtlichen Wind. Eine breite Schicht von Gischt, auch von Müll, bedeckt den Strand. Über allem kaltgleißendes Licht, das den letzten Führer eines Gespanns von Maultieren auf seinen Wegen begleitet.

Dollys Hochzeit – standesamtlich

An diesem Tag war Dolly voller Freude, denn es war ihre standesamtliche Trauung, über die sie sprach, als sei es gestern gewesen.

Standesamtlich waren wir von Anfang an verheiratet, also schon am 24. August 1959, als ich hierher kam. Es gab auch sehr große Schwierigkeiten. Ich wußte ja, weswegen ich hergekommen war, und ich hatte alle meine Papiere für Italien fertiggemacht, übersetzen lassen. Komme hierher – und nichts galt. Nichts. Von vornherein mußte alles in Italien nochmal neu gemacht werden. Das hat nochmal vier Monate gedauert. Denn ich kam am 1. März 1959 her, und wir wollten eigentlich ein paar Tage später zum Standesamt gehen, damit wir hier nicht Anstoß erregen: Ich als Frau wohne mit Tonino zusammen! Es ging nicht. Ich mußte vier Monate warten, bis die Papiere im August fertig waren.

Die Zeit war abgelaufen. Damals konnte man nur ein Vierteljahr als Ausländer hier leben. Und nach einem Vierteljahr mußte man unterbrechen, die Grenze überschreiten, konnte aber nach einem Tag schon wiederkommen. Natürlich war das für mich ein großes Problem. Ich hatte ja bereits acht Gäste. Es war für mich Hochsaison. Und die erste. Ich hatte schwer zu tun, weil ich alles lernen mußte: die Sprache und die italienische Küche. Ja, und plötzlich standen die Carabinieri da, morgens um zehn, und sagten: ‚Signora, Sie müssen Italien verlassen! Morgen ist es soweit. Die Zeit ist abgelaufen.' Ja, was mache ich?

Wie es das Schicksal will, kommt am nächsten Morgen der Briefträger, wedelt mit einem großen Briefumschlag: ‚Signora!' Ich laufe hin. Mache ihn auf. Das Papier war das letzte Dokument, auf das wir noch gewartet haben. So, jetzt hatten wir alles. Ich habe meinen Kochlöffel hingeschmissen, die Küchenschürze weggeworfen und bin runtergelaufen an den Hafen. Tonino stand im Boot und wollte gerade auslaufen. Ich sagte: ‚Tonino, komm her, komm raus.'

Und er, so wie er war, mit Shorts an, mit altem Hemd obendrüber und ich mit Küchenkleid – so sind wir in eine Motocarrozzella, ein Dreirad, gestiegen, das da gerade stand. Schnell, es war elf Uhr früh. Um zwölf schloß das Amt! Zwischen elf und zwölf müssen wir noch heiraten. In Serrara. Wir hatten alle Dokumente dabei, und wir rauf nach Serrara und rein ins Gemeindeamt.

Da war der alte Filiberto mit Schnauzbart und Nickelbrille, die rechte Hand vom Bürgermeister. Er kam und sah Tonino an und sagte: ‚Was willst du denn?' ‚Ich will heiraten.' ‚Na ja', brubbelte er. Dann hat er sein großes Buch geholt, aufgeschlagen: ‚Tja, schaun wir mal.' Nun war meine Cousine Marianne dabei und noch ein junges Mädchen. Also zu viert waren wir in der

Motocarrozzella und kamen jetzt dort an: drei Frauen und ein Mann. Nun guckte Filiberto Tonino an und sagte: ‚Ja, welche von denen ist es denn?' Tonino: ‚Alle drei.' Und Filiberto: ‚Das ist verboten.' Dann mußten wir unterschreiben.

Nun war sengende Hitze, es war der 24. August 1959. Wir hatten alle furchtbaren Durst. Es gehörte ja ein Glas Sekt dazu. Wir brauchten auch Trauzeugen. Da ist dann der Filiberto ans Seitenfenster vom Büroraum gegangen, guckt runter und pfeift. Zwei Straßenkehrer waren da. ‚Raufkommen!' riefen wir. Sie kamen rauf, ihre Besen noch unterm Arm. Links einer mit 'nem Besen, rechts einer mit 'nem Besen. Zwei Straßenkehrer als Trauzeugen. Rechts und links die Straßenkehrer, wir zwei in Shorts, verschwitzt und mit Küchenkleidern und haben unterschrieben. Die mußten es auch und machten ein Kreuz. Dies war also die standesamtliche Trauung.

Nun hatten wir, wie gesagt, alle einen fürchterlichen Durst. Irgendetwas mußte auch spendiert werden. Wein trinkt man ja um die Zeit nicht. Wir hätten gerne etwas Besseres getrunken. Man heiratet ja nur einmal. Dann ging einer von den Trauzeugen hinunter und kam wieder mit 'nem Tablett mit zwei, drei Flaschen Aqua minerale. Statt Sektkorken flogen die Blechverschlüsse nur so. Wir tranken alle zusammen Aqua minerale. Und fertig war die standesamtliche Hochzeit.

Unten stand noch die Carrozella da, denn Tonino hatte gesagt: ‚Warte, das dauert eine halbe Stunde, dann sind wir fertig.' Wir also wieder in den Wagen. Marianne und der Gast auch. Die Rückfahrt war reizend. Damals war es noch so, daß die Kinder in den Bergdörfern, sowie ein Fremder kam, kleine Sträußchen pflückten. So kleine Sträußchen von allem, was da blühte am Straßenrand. Diese Sträußchen gaben sie den Fremden und kriegten dann dafür zwanzig Lire oder fünfzig Lire. Dann liefen sie zur Mutter, denn man kriegte schon ein Paket Spaghetti dafür. Sie halfen also schon mit verdienen.

Da saßen wir nun auf der Motocarrozella, und eine Horde von fünf, sechs Kindern rannte hinter unserem Wagen her und schrie. Dann haben sie uns die Blumen zugeworfen. Tonino warf alles Kleingeld, das er in der Tasche hatte, zu den Kindern zurück. Auf meinen Schoß fiel ein kleiner Strauß, in der Mitte eine dicke Rose. Das war mein Brautstrauß. Den habe ich lange getrocknet an der Wand hängen gehabt.

Carnevale in Sant'Angelo

Dollys herrliche Geschichte von ihrer standesamtlichen Trauung noch immer in mir, gehe ich wieder zum Dorf hinab. Am frühen Morgen lag regennasse, windgepeitschte Einsamkeit über der Piazza. Und am Nachmittag nun überquellendes, buntes Leben. Die Kinder von Sant'Angelo kommen angeströmt. In Gelb und Rot, in Blau, in Grün und Violett und Purpurfarben, in Gold und Silber. Clowns und Zwerge. Schwarzhaarige Prinzen und eine feingliedrige Prinzessin aus dem nahen Neapel. Eine kleine feurige Carmen aus dem fernen Spanien. Und Pulcinella in wehenden Kleidern. Kämpfen und Weinen, Bespritzen mit Wasserpistolen und Bewerfen mit Papierschnitzeln, Schreien und Lachen.

Die Mütter sitzen an den Tischen entlang des Ridente und in den Nischen des Pescatore im Schatten. Alle scheinen zu frieren, leicht in sich zusammengekauert, mit blassen Gesichtern und doch voller Stolz.

Verschleierte Haremsdamen, kühn fechtende Prinzen und unentwegt schießende Westernhelden. Ein Torero in blutendem Rot und samtschwarzem Anzug. Pinocchio, der mit der langen Nase, und immer wieder Pulcinella. Figuren, dem Carnevale des alten Venedig, des unsterblichen Neapel entstiegen. Figuren, die in Masken und Gewändern über den steinernen

Platz daherschreiten, mit wachsamen Augen von ihren Müttern verfolgt.

Am Rande der Piazza, auf den wenigen verbliebenen Stühlen der letzten Saison, auch die Fischer mit ihren immer noch oder schon wieder sonnenverbrannten Gesichtern. Sie blicken ungläubig staunend hinüber zu dem tobenden, farbensprühenden Treiben. Fischer, die vor Stunden noch aus dem Regen kamen, vom letzten Fischfang an einem stürmischen Morgen. Nun sitzen sie ganz entspannt in ihren dunkelblauen, grünen und braunen Pullovern. Und sie blicken in die blendende Abendsonne, hinüber zu den schreienden, tobenden Kindern. Wie auch Ciruzzë, der an der Mauer des Ridente lehnt, mit unbewegtem Gesicht, aber hellwachen Augen.

Der Abend dann des Carnevale: Erneut fegt Wind über den Platz. Nun sind es die Größeren, die hier sitzen und grillen und trinken. Inmitten der jungen Männer sehe ich drei Pappnasen. Ein Gesicht, geschminkt in grellem Weiß und Grün, ein junger Mann mit der Maske eines häßlichen Hundes. Und wieder Pulcinella, die Komödiantenfigur, in fließendem Gewand, mit spitz aufragendem Hut. Eine seltsame Szene voller Dunkelheit und Kälte – trotz aller Glut des Grills.

Fröstelnd sitzen die Männer beieinander. Nur einmal macht Gelächter die Runde: als eine Schar junger Frauen – allesamt in langen, seidenen Kleidern in Schwarz und samtenem Braun, mit kostbar geschmückten, hochgesteckten Haaren – über den Platz eilt. Kichernd und kreischend, sich an den Händen fassend, mit leuchtenden Augen und grellgeschminkten Lippen.

Lachend eilen sie bald danach wieder in eine der dunklen Gassen. Der Spuk der jungen Frauen weht vorüber, scheint nach wenigen Augenblicken kaum geschehen. Und die jungen Männer sitzen beieinander. Mit den Pappnasen und hohen, spitz zulaufenden Hüten in mattem Weiß. Schweigsam und ernst.

Vierter Tag

Am frühen Aschermittwochmorgen auf der Piazza. In Wasserpfützen aus der vergangenen Nacht liegen Konfetti und Papierschlangen sowie Reste von Spaghetti. Fischer kommen vom Fang, triefend naß in ihren Wetterjacken. Sie bringen kärgliche Mengen von Fisch an Land. Und sie blicken mit zusammengezogenen Augenbrauen hinüber zum Festland, wo sich neue Fronten von Regen und Wind ankündigen.

Später verlasse ich wieder Hafen und Piazza. Es ist die via Madonnella, die mich zu meinem Gespräch mit Dolly nach oben führt…

Via Madonnella[12]

Einst war die Luft erfüllt von scharfen Gerüchen nach Maultieren, nach Heu und Stroh an einem Platz, der daher auch ihren Namen trägt. Dort standen sie noch vor Jahren in Höhlen. Und dort beginnt der Weg für Ankommende und Gäste: die via Madonnella.

Der Anfang ist steil für großstadtverwöhnte Beine. Aber im Nu ist man bei der Villa Sirena. Vorbei an hohen Steinmauern führt er dann, verborgen die Anwesen, die weit zum Meer hinaus gelegen sind. Vorbei an den Villen Claudio und Merro Sarak, der Kirche San Michele und dem Hotel gleichen Namens, dem Restaurant Mama Mia, Casa Margherita d'Azzurra und Giosué, Casa L'Ulivo, Il Rifugio und Eugenio, Casa Garibaldi und Casa Sofia, Hotel Loreley, La Grotta und Casa Caravan. Vorbei an brüchigen, schiefen Mauern, die durchwachsen sind von Büschen. Ströme von Weiß, von Gelb und tiefdunklem Blaurot im Frühling.

Ein schmaler Weg ist diese via Madonnella. Unablässig sich windend, mit kurzen Steilstücken und ebenen Abschnitten. Immer wieder, oft unvermittelt, der Blick übers Meer. Hinab zum Maronti-Strand, über ein bizarres Gewirr ineinander verschachtelter Häuser hinweg, über Hotels und Bäder, die klangvolle Namen tragen.

Via Madonnella, ein beständig ansteigender Weg. Vorbei an kleinen Cafés, an verschwiegen liegenden Pensionen in Weiß, in Rosa und vielen anderen Farben, die der vergangene Winter hat verblassen lassen. Vorbei an Palmen und Pinien, immer weiter Serrara entgegen. Geschmückt mit fantasievoll gestalteten Hauseingängen. Mit steilen Hängen – und unerwarteten Ausblicken bis hin nach Capri.

Via Madonnella, ein Weg, in dem sich die Geschichte des kleinen Fischerortes zu verdichten scheint. Gesäumt von Gärten mit Zitronen und Orangen. Von schattigen Hainen alter Olivenbäume und wuchernder Bougainvillea entlang den Mauern und Häuserfassaden.

Via Madonnella: verzaubert in nächtlicher Stille, erfüllt von Wind und dem Duft von Jasmin.

Dollys Gäste

In den Tagen zuvor hatte Dolly von ihrem Ankommen in Sant'Angelo, von den Härten und der Einsamkeit der ersten Jahre erzählt. Und es waren die Besucher des langen Sommers, die Wärme und Bedeutung in ihr Leben brachten. Schriftsteller, Diplomaten und Wissenschaftler; auch Angehörige alter Adelsfamilien. Und Künstler, Maler und Bildhauer – Dollys vielleicht liebste Gäste. Daher fragte ich nach meiner kleinen Morgenwanderung: »Wäre das Leben hier ohne diese Gäste überhaupt möglich gewesen?« Und Dolly ganz spontan:

Ja, wenn ich gestalten kann. Dann aber nur, wenn ich mich hingesetzt hätte und angefangen hätte, zu malen oder zu schreiben. Ich hätte auf jeden Fall etwas Kreatives, Produktives gemacht, ganz gleich, was dabei herauskommt. Wenn ich kein Haus gehabt hätte oder nicht diese Idee, Gäste zu haben, dann hätte ich irgendwo einen Job annehmen müssen und mich zusätzlich auch mit Malen und anderen Dingen beschäftigt, damit ich ausgefüllt bin. Da hätte Tonino auch nichts dagegen gehabt. Aber da ich gerne im Hause bin und ungern aus dem Haus gehe und gerne koche und gerne bewirte, ist dies nun das einzig Richtige für mich. Es gibt mir das Familiengefühl, nach dem ich mich sehnte.

Mein Wunsch, mein Anliegen während all der langen Jahre war es stets, Gäste zu empfangen, Gespräche zu führen. Für mich war das Malen von Bildern, das Schreiben der Versuch, Lebensdefizite auszugleichen. Und das Lösen eigener Probleme fand ich durch das Lösen der Probleme der Gäste.

Wir waren bei der Keimzelle ihres Hauses angelangt: in Dollys Zimmer, seit Jahrzehnten »Beichtstuhl« für ihre Gäste.

Ich stelle mich auch heute noch auf jeden einzelnen meiner Gäste ein. Als bis vor zwei Jahren noch mein Zimmer das Büro war mit Abrechnung und Telefon und allem, sagte ich immer: ‚Das ist alles hier: Das ist Büro, das ist Beichtstuhl, das ist ein Ort für Psychotherapie – und am wenigsten Schlafzimmer.' Und so saßen die Gäste dann immer da. Alte Gäste kommen immer noch und fragen: ‚Darf ich Sie stören?' Dann sage ich: ‚Ja, kommen Sie nur rein.' Dann setzen die sich auf den Stuhl, dicht am Tisch, von Auge zu Auge, von Ohr zu Ohr.

Das ist der Hauptteil des Urlaubs, der Haupterfolg, weil die oft mit niemandem sprechen können. Nicht in der Familie und nirgendwo und zu niemandem – aus bürgerlichen Gründen. Das ist dort unmöglich. Dann können sie sich hier entleeren, weil es bei mir bleibt. Das wissen sie. Hier ist es wie beim Priester. Beicht-

geheimnis. Da können sie sich einmal vollkommen entblättern. Und dann erholen sie sich wunderbar.

Dolly konnte aber auch andere Besucher der Insel erleben, die in Sant'Angelo »vor Anker« gingen, die ihr »öffentliches« Leben bereicherten.

An einem heißen Morgen saß an der Piazza, auf der strohbedeckten Steinbank im Torbogen des Ristorante Pescatore, eine Malerin, die schon längst zu den Einheimischen gehörte. Es war Gertrude Helmholtz vor ihrem Glas Wein in angeregter Unterhaltung. Sie lebte nah bei der Piazza, und in ihren Aquarellen hielt sie die arabische Bauweise der umliegenden Häuser und engen Gassen fest. Tags zuvor hatte ich im Dorf von dem morgigen Eintreffen eines bedeutenden deutschen Journalisten gehört. Gertrude gab mir ein Zeichen des Bleibens, was ich gerne annahm. Dann hielt mich aber bald nichts mehr, und ich platzte heraus: ‚Ja, wann kommt denn endlich der Raddatz?' Und Gertrude: ‚Neben Dir sitzt er doch!' Leider war ich zu umfangreich, um unter den Tisch sinken zu können. Ich hatte mir den Einzug eines so bekannten Mannes wohl als den eines geistigen Gladiators triumphaler vorgestellt, Roms gedenkend. Allgemeines Gelächter auf der Steinbank. Carl Raddatz wird sich meiner Belanglosigkeit wohl kaum erinnern.

Vor Anker ging auch die Begum mit ihrer großartigen Yacht. Und der Herzog von Windsor, Edward, kam mit seinem Segelschiff und Wallis Simpson. Morgens guckte ich raus, ganz früh und dachte: Das ist ja eine Segelyacht! Donnerwetter! Ganz lang. Dunkel-marineblau. Ganz schlicht und mit einem Riesenmast von zwanzig, dreißig Metern in der Mitte. Sonst nichts. Dann habe ich das Fernglas genommen und sah, daß hinten am Heck das Wappen der Windsors ist. Königliche Yacht! Dann haben sie unter dem überdachten Deck gefrühstückt. Ich habe sie beobachtet und dachte: Was ihr könnt, kann ich auch. Besser als ich frühstücke, könnt ihr es auch nicht. Ich sitze hier und blicke auf Capri und euch herab. Ihr Armen müßt wieder in den kalten Norden. Ich habe es viel besser als ihr. Ich würde um nichts tauschen mit euch. Ich fühlte mich wie eine Königin.

Die Begum kam mit Hofdamen, in einem grünseidenen Sari mit Perlenketten über die Piazza. Und alle waren begeistert und sagten: ‚Was für eine schöne Frau!' Sie war ja Französin. Die Begum ging an Land, der Herzog von Windsor und seine Frau Wallis Simpson aber nicht. Sie blieben an Bord ihrer Yacht. Sie lagen nur hier und genossen diese Bucht im berühmten Golf von Neapel von Ischia aus mit Blick auf Capri und Sorrent.

Auch die Scheichs kamen jeden Sommer. Die reichen saudiarabischen Scheichs kommen auch heute noch. Sie gehen aber nie an Land. Sie bleiben draußen vor Anker. Dann wird ein Beiboot an Land geschickt, vielleicht um Getränke zu holen. Da sie völlig anders kochen, können sie hier nicht essen. Sie haben ihren eigenen Koch.

Dann kamen Filmleute. Auf der Insel sind schon drei Filme gedreht worden, davon der Film »Morgan, der Pirat« in Sant'Angelo. In diesem Film hat Tonino mitgespielt. Da war ich schon hier. Ich habe das Foto noch von ihm. Da hat er eine Perücke. Langhaarig, wie die damals im 15., 16. Jahrhundert rumliefen, so wie heute. Ein Lederwams an und die entsprechenden Hosen.

Das ganze fand am Strand statt. Der Strand war ja damals noch sehr breit. Man mußte etwa zwanzig Meter laufen, bis man ans Wasser kam. An diesem Strand hatten sie dann Palmen aufgestellt. Der Wind wehte durch die Palmen. Unter den Palmen war ein Berg aufgebaut von dicken Kanonenkugeln aus Stein. Die Kanone daneben. Und da stand mein Tonino und mußte auf das Schiff schießen, das kam. Ein sagenhaftes Piratenschiff.

Die ganze Bevölkerung ging abends hin. Es konnte nur nachts gedreht werden, um die Touristen nicht zu stören. Und ich auch mit. Wir Frauen auch. Wir durften bis kurz vor die Fumarole. Davor mußten wir stehen bleiben, denn sonst wären wir ja ins

Filmgelände geraten. Das ging von dort bis ungefähr zur Cavascura oder bis zum Felsen. Da durften wir ja nicht hin, aber wir konnten schauen.

Die einheimischen Männer brauchten sich nicht viel umzuziehen. Die waren Komparsen. Die Fischer banden sich nur ein rotes Tuch um den Kopf, dann waren sie schon Piraten. Ein anderes Tuch um die Lenden. Das Hemd war offen. Fertig waren sie. Unrasiert und fern der Heimat. Paßte genau.

Wir wären auch nicht hingegangen, wenn nicht um Mitternacht die Aufnahmen beendet gewesen wären. Dann flogen von dem Balkon, wo die Filmleute sich aufhielten, Pakete runter. Eßpakete. Carepakete. An die Fischer. Da waren beste Eßwaren drin. Das war wunderbar. So etwas hatten sie überhaupt noch nicht gehabt. Und dann kriegte jeder Fischer, wenn er einen solchen Drehtag hinter sich hatte, zehntausend Lire. Das war sehr viel Geld damals, etwa siebzig Mark. Die haben das sehr bedauert, als die Filmleute weg waren, als der Film zu Ende war. Dann hatten sie auch Mädchen, die mußten unter den Palmen Hula-Hula tanzen nach entsprechender Musik. Das war für uns natürlich sehr unterhaltsam. Hier gab es doch nichts, kein Fernsehen und nichts. Also, es war ein interessanter Abend. Das war der Film »Morgan, der Pirat«.

An diesem Tag hatten wir über Dollys Gäste im Laufe ihres langen Lebens gesprochen. Unter ihnen war auch ein Paar in Rot und Weiß, das mir begegnet ist…

Karl Schneider. Sant' Angelo, Kleiner Hafen, 1962, Federzeichnung und Tusche

Ein Paar in Rot und Weiß

Weiß, gelegentlich auch schwarz war sein Hut, versehen mit einer breiten Krempe. Mit leicht schlurfenden Schritten kam er aus dem Haus, hinein in das blendende Licht der Terrasse. Seinem schattenspendenden Hut vertrauend, setzte er sich stets an den äußersten Rand. Und er begann dann sofort zu lesen, noch ehe ihm das Frühstück gereicht werden konnte.

Er las aus Stapeln mitgebrachter Bücher, aus längst zerlesenen italienischen Zeitungen. Seine Hände zuckten nervös und fahrig immer wieder zum Handy, das er in einer der ausgebeulten Taschen seines Seidensakkos untergebracht hatte. Einem edel geschnittenen Sakko in Schwarz, in gelblichem Weiß auch zuweilen – aber stets über weißen, modisch geschnittenen Hemden und Hosen.

Da saß der Advokat aus Rom unter der Sonne. Mit seinem breitkrempigen Hut und langwallendem, angegrauten Haar. Und Müdigkeit war in allem, was er tat: wenn er ging, wenn er blickte, wenn er sprach, wenn er schwieg. Eine Müdigkeit, die ihre Wurzeln, so wollte mir scheinen, in dem flammenden Rot einer Frau hatte. In dem Rot ihrer Haare, ihrem Lachen, ihrer Stimme, ihren Kleidern. Eine Frau, die unentwegt zu brennen schien.

Ein Mann in Weiß, mit Lippen, weich und konturenlosschlaff, mit zerlesenen Zeitungen und einem schwarzglänzenden Handy. Ein mit seinen Klienten und seiner Mama unentwegt telefonierender Advokat – und dann diese Frau in Rot. Was für ein ungleiches Paar!

Nach endlosen Bewährungen einer langen Nacht – so hatte es den Anschein, frühstückte der Mann alleine. Noch müde. Mit seinen Zeitungen. Mit Telefonaten, die fernen Freunden galten. Und seiner Mama. Dann die Zeit des gemeinsamen Badens in den Thermen. Die nassen roten Haare der Frau legten sich um den Mann, der sich mit hilflosen Bewegungen ihrer Umarmung würdig zu zeigen versuchte. Doch ihr Lachen fegte seine Bemühungen beiseite.

Auf der Piazza sah ich sie wieder. Er im schwarzen Sakko, mit einer Siamkatze in geflochtenem Korb, fein und weiß ihr Fell, vor einer neu eröffneten Galerie am Hafen. Die geschmackvoll gestalteten, hohen Räume waren eingetaucht in sanftes Licht. Die stolze Frau in langem grüngoldenem Kleid trat aus der Galerie. Sie trat zu dem Mann mit der Siamkatze in den Händen. Er schien blasser noch an diesem Abend. Er suchte Halt bei dem Tier, dessen Korb er an sich preßte. Mit Augen, die leer und müde waren. Augen, die Fluchtorte suchten – weit draußen, jenseits der Hafenmole. Und die Frau lachte aus ihrer Haarflut in flammendem Rot.

Aschermittwoch – nächtliche Kühle

Während der letzten Stunden des Aschermittwochs bin ich erneut bei den Kartenspielern in der Bar del Ponte. Kalt sind die Räume. Westliche Winde wehen herein. Räume, mit Mobiliar versehen, das eine häusliche Atmosphäre verbreiten soll. Blankgeputztes Holz, über das der Meerwind streicht. Hoch zu den Keramikvasen an den Wänden, über einen zurückgelassenen Weihnachtskranz, über die Bar und einen Tisch aus schwarzweißem Marmor mit eisernen Füßen. Über spärlich verteilte künstliche Blumen, die das nahe Osterfest verkünden sollen – und doch so frühlingsfern erscheinen.

Es ist still an den Tischen der Spieler. Kein Lärmen und Schreien. Kein aufreizendes Knallen der Karten. Alles geschieht behutsamer und leiser, seltsam fremd für mich. Bei den Spielern steht auch Ciruzzë von den Weinbergen. Doch kein

Gruß an ihn, kein Kopfnicken, kein leicht erhobener Arm, als die Männer, unvermittelt wie immer, die Bar verlassen.

Der kleine Mann mit seinen stets zu langen Hosen geht hinaus in den Wind der Nacht. Der Wirt in rotem Pullover setzt sich neben seine Frau, vor das abendliche Programm des Fernsehens links in der Ecke des Raums hinter dem Pizzaofen. Und grellfarbige Masken von der Wand gegenüber blicken aus leeren Augen auf das Paar.

Ich verlasse die Bar del Ponte, bin erneut an der Piazza, dem Platz aus Stein und zusammengeschnittenen Tamarisken. Niemandem begegne ich in der Stunde. Keine Luftschlangen mehr oder Reste von buntem Papiergeriesel in den Pfützen. Nackter Stein, sanft berührt vom späten Abendwind. Leichtes Rauschen des Meeres. Nach den Stürmen der vergangenen Tage scheint es sich zu beruhigen.

Menschenleer die Gassen, aber Fischerboote, wohin ich blicke. Bunte Boote aus Plastik und Holz, am schmalen Strand sorgfältig aneinandergereiht, viele auch aufgedockt. Keine streunenden Katzen oder Hunde. Ganz einfach Stille.

Vielleicht will der kleine Ort nach dem rauschenden Karnevalsfest Atem holen. Sich ausruhen von den tobenden Kindern. Dabei denke ich an jene frierenden, um den Grill zusammengerückten Männer, die sich mit ernsten Gesichtern um drei seltsame Gestalten scharten. Die geschminkt waren, die Pappnasen trugen und spitze, hohe Hüte für die letzte Nacht des Carnevale in Sant'Angelo.

Fünfter Tag

Als ich nach meinem morgendlichen Piazza-Besuch die via Madonnella nach oben gehe, denke ich darüber nach, daß es sehr häufig besondere Gäste waren, mit denen sich Dolly gerne umgeben hatte. Es waren die Künstler – jene Brücke zu ihrem Leben zuvor, in Münchens Schwabing. In den nächsten Stunden möchte ich mit ihr darüber sprechen: über die Bildhauer und Maler, für Dolly vielleicht die wichtigsten Menschen ihres Lebens.

Werner Gilles – ein Leben am Torre

Nach wenigen Augenblicken war unser Gespräch bei der steinernen Ecke an der Bar Ridente angelangt. Und bei den Künstlern, die früher dort saßen, so wie Werner Gilles.

Der gehörte einfach zum Dorf. Der setzte sich nachmittags in die Hausecke von Ridente. Das war auch immer der Platz von meinem Gast Lothar Dietz. Der Dietz hat da eine Bronzetafel angebracht, auf der er sich auch selbst verewigt hat in einer Ecke mit seiner Baskenmütze. Da saß dann Gilles, der auch aus München kam. Und dann kamen die Fischerjungen. Und Tonino setzte sich dazu. Dann haben die zusammen geschwatzt. Gilles rauchte seine Pfeife und trank seinen Rotwein. Er war das geistige Zentrum.

Auch sein Freund, der Maler Werner Heldt, gehörte dazu, der hier begraben ist. Lothar Dietz, Bildhauer aus München, war da, ein ungeheuer geselliger Mensch. Auch Bargheer, der Hamburger, lebte für kurze Zeit hier, ehe er nach Forio überwechselte. Und über viele Jahre Ulrich Neujahr, auch ein Freund von Gilles. Und der Maler Thomas Niederreuther kam wie ein Taifun. Er kam immer mit seinem Auto aus München. Er blieb für drei Tage und malte intensiv. Dann rauschte er wieder ab.

Die gehörten einfach alle dazu. Wir waren eine Familie, als ich hierher kam. Eine Familie. Es gab keine Fremden. Es gab nichts. Die Maler waren immer vom Frühjahr bis November hier. Und im März kamen sie wieder.

Gilles zum Beispiel hat es ja gar nicht erlebt, daß seine Bilder jetzt für dreißigtausend Mark verkauft werden. Er hatte keinen Pfennig Geld. Er verkaufte ja auch nichts. Es gab keine Gelegenheit. Ihn hatte noch niemand entdeckt. Man muß ja immer entdeckt werden. Bis dann plötzlich der Kunsthändler und Galerist Dr. Seel aus München herkam. Der hat den Gilles groß gemacht. Der hat alles von Gilles mit nach Hause genommen. Und er hat ihn in der Galerie ausgestellt. Danach wußte man überhaupt erst, daß es einen Maler Gilles gibt. Gilles hatte nichts.

Er aß immer in der Bar von Guido. Der Guido hatte ja ein Lokal, wo der Metzger vorher war. Da kriegte Gilles seine Spaghetti und alles. Den ganzen Sommer über. Wenn er dann im Herbst wegging, sagte er zu Guido: ‚Ich habe nichts, um zu bezahlen. Aber wenn Du ein Bild willst…' Dann hat Guido das Bild genommen, und es verschwand unter dem Tresen. Daß er es nicht weggeworfen hat, ist alles. Aber er hat es in die Schublade gelegt. Wert hatte es für ihn nicht. Aber so war es.

Er hat gar nichts von Gilles behalten. Er konnte ja nicht wissen, daß die Bilder mal Wert haben. Guido hat ihn wirklich gratis ernährt, nicht weil es Gilles war – Gilles war ja noch niemand. Er hat es getan, weil er ein Mensch ist, der essen muß. Der wird eben miternährt. Das war selbstverständlich. Gilles hat mit den Fischern einigermaßen gut italienisch gesprochen. Er hat hier nur gelebt und gemalt und geträumt. Er war ein großer Träumer. Und die einfachen Fischer bezogen seine gelassene Heiterkeit in ihr Leben ein.

Dolly, der Gilles bereits 1954, unmittelbar nach ihrer Ankunft in Sant'Angelo am ersten Abend, begegnet war, zeigte sich tief bewegt von seinem Schicksal. Sie sprach von der Hintergründigkeit, der bedingungslosen Hinwendung des Malers des Unbewußten zu einer Natur, die ihm stets geheimnisvoll und verwunschen blieb. Wie kein anderer war er auf der Suche nach dem mythischen Charakter der Insel.

Gilles, der häufig in einem ehemaligen »Magazzino« am Hafen, einer Art Speicher für Waren und Fischerboote, arbeitete, schuf wundersame Verbindungen von Musik und Malerei, von Licht und Schatten. Er malte Bilder voller Einsamkeit und Verlorenheit. Dabei war Ischia für ihn Sinnbild vollendeter Schönheit. Gilles, der Malerpoet, ein Symbolist und Romantiker, war stets auf der Suche nach dem Geist hinter den Dingen. Er versuchte abzubilden, was er erlebte – wissend, eher fühlend, daß er von dem Erlebten nichts direkt abbilden konnte. Seine Eindrücke von Licht und von Farbempfindungen erschienen in neuem Reichtum. Die Intensität seiner Stimmungen, seines Farbgefühls, seiner Einsamkeit war es, die ihn begleitete. Der steinerne Winkel am Ridente war ihm Zentrum für Geist und Kunst.

Dolly sprach mit einer Stimme, die mir an diesem Tag sehr fern schien:

Gilles träumte. Auch so, wie er über den Berg sprach. Er wurde mit dem Berg, dem Torre nicht fertig. Der Berg brachte ihn fast um. Der Berg war auch das, was ihn zum Malen animierte. Es war eine ständige Herausforderung, daß der Berg ein Innenleben hat. Und der Berg hat alle Geheimnisse in sich. Und der Berg ist verwunschen. Und der Berg war für ihn ein Lebewesen. Mit dem wurde er nicht fertig. Darum konnte er auch beim Ridente andauernd in der Ecke sitzen und den Berg angucken. Und der Berg hat eine Schleppe. Der Berg ist offen. Warum ist der Berg offen? Der Berg ist aufgerissen. Und da kommt das Innere nach außen. Da hinten, da rechts. Und wenn der Ginster blüht, hat er wieder eine andere Gestalt.

Das alles hat er immer wieder in seinen Bildern dargestellt. Und das Verwunschene dieses Ortes, das ich auch so stark empfunden habe – dieses Verwunschene, dieses Irreale von Sant'Angelo – das hat er in seinen Bildern aufgenommen. Das Mythische: Kehrt Orpheus nicht gerade von Eurydike zurück in tiefer Trauer? Das ist einschließlich der Menschen auch für mich das Faszinierende. Dieses gar nicht Greifbare.

Es war sehr traurig, als Gilles von hier Abschied nahm. Als er im Frühjahr 1961 wieder nach Sant'Angelo zurückkehrte, ging es ihm schon sehr schlecht. Er mußte nach kurzer Zeit nach Neapel ins Krankenhaus zur Behandlung. Er ist in den Bus gestiegen, die Fischer und die Dorfjugend, auch Tonino haben ihn begleitet. Als Tonino zurückkam, sagte er: ‚Den sehen wir nicht wieder.' Und so war es. Gilles stand innen am Busfenster. Der Bus fuhr an. Gilles war ganz mager, mit ganz großen Augen. Die Innenhand an der Scheibe. Eine riesige Hand. ‚Addio.' Und er fuhr ab. Es war sehr ergreifend. Die ganze Jugend hat ihn begleitet und hinausgebracht aus dem Dorf. Und kurze Zeit später war er tot.

Erinnerungen von Dolly an einen Menschen, die sie noch immer umzutreiben schienen. Und mit einem Mal sah ich jenen Maler wieder vor mir, dem ich vor Jahren auf der Insel begegnet bin. Nicht in Sant'Angelo, nicht an der Ecke der Ridente-Bar. In Forio, in den Weinbergen an den Hängen des Epomeo, lernten wir uns kennen…

Artischocken im Sand – Begegnungen mit Ernst Bursche

Blumenbilder hatte ich seit Jahren gesucht. Und ich fand schließlich Ernst Bursche, der sie malte. Er saß in der Ecke des Ristorante Epomeo in Forio. Nah bei Maria Seneses Bar Internazionale – auch Bar Maria genannt –, einem früheren Treffpunkt von Malern und Bildhauern, von Komponisten und

Schriftstellern, die unter einer Laube ihren Wein, ihren Cappuccino genossen. Und Maria Senese war die unbeschränkte Herrscherin des Künstlervolkes.

Ich traf einen Mann mit Augen, mit einer Stimme, die Wärme und tiefe Lust am Leben verströmten. Mit offenen Armen, die einluden, die Gastlichkeit versprachen: zuweilen zum frisch gebratenen Spanferkel und immer zu den Weinen aus den umliegenden Dörfern.

Ernst Bursche – ein Maler aus dem Dresdner Künstlerkreis um Otto Dix, dessen Meisterschüler und auch langjähriger Freund er war. Anfangs von der an den alten Meistern orientierten Neuen Sachlichkeit geprägt, entwickelte er später einen eigenen, expressiv-realistischen Stil. Besonders im Süden fand seine Kunst ihren gültigen Ausdruck.

Er malte Bilder von Menschen, von mythenträchtigen, zerklüfteten Bergen und tiefen Schluchten und Küstenlandschaften. Von Blumen und Trauben. Und ein Bild mit einem blaßblauen Himmel, aus dem unvermittelt ein riesiger, schwarzer Vogel zu Boden stürzt. Ein sterbender Vogel mit hilflos sich schließenden Flügeln, inmitten des Jagdgeschreis dieser Welt.

Ernst Bursche, der an seinen Sandstrand nahe Forio stets mit einer Tasche, immer darin eine Weinflasche, kam. Gelegentlich brachte er auch Artischocken mit, die er in den Sand setzte und malte. Ein Mensch, der Rosen über alles liebte. Die orangefarbenen Blüten von Granatäpfeln, die Blüten von Kakteen, von Agaven und Oleander. Oft schienen die Farben seiner Aquarelle zu explodieren.

Auch mit Pastellkreiden arbeitete er viel. Dabei hielt er, so eine alte Freundin, die Kreiden zwischen den Fingern der linken Hand und strich die pudrigen Farben mit den Fingerkuppen aus. Er schuf Arrangements von violett-kobaltblauen Artischockenblüten im Sand seiner geliebten Bucht unter den alten Mauern von Forio. Und am Ende eines langen Sommers ordnete er seine Kreidefarben in zahllosen Schüsseln. Aussortieren wollte er vor der Abreise in den kalten, für ihn grauen Norden.

Für einige Jahre hatte Ernst Bursche in Sant'Angelo gelebt. Wie Gilles und andere Maler im Hotel Conte[13] neben dem Torre, überwiegend aber in einer Art Höhlenwohnung auf dem Berg beim Bauern Francesco del Deo, genannt Ciubirro. Bursche liebte es, am Fuß des Torre, vor der Bar Ridente, zu sitzen, auch gelegentlich zu malen. Vornehmlich aber, um mit Freunden zu sprechen, zu trinken und sich zu amüsieren. Mit einem Lachen aus blauen Augen, das alle Menschen liebten.

So waren es auch seine Augen, die mir bei unserem ersten Treffen in Forio auffielen. Mit gebeugtem Rücken saß er vor einer Wand in den hinteren Räumen des Ristorante Epomeo. Nahe der Bar Internazionale, so als wollte er die Nähe zu alten Zeiten auch jetzt noch erleben. Weiß war sein langes Haar um ein tief gebräuntes Gesicht, weiß das weit geöffnete Hemd. Er war in freudiger Erwartung auf das bestellte *filetto*. Neben ihm seine Frau in vornehm-aufrechter Haltung.

Strahlend war alles an dem alten Mann. Als ich ihm erzählte, wer ich bin, woher ich komme, warum ich ihn zu finden suchte und froh sei, ihn schließlich gefunden zu haben, lachte er in unbändiger Freude. »Das ist ja ein dolles Ding.« Ein ums andere Mal wiederholte er diese Worte, sie bildreich mit seinen kräftigen Händen unterstreichend.

Ernst Bursche, dem Maler, bin ich begegnet. Und es waren für mich kostbare Stunden. Eines Tages lud er mich in sein Landhaus in den Weinbergen über Forio, in der via Chiena, ein. Im Schatten der Terrassen tranken wir Wein von den Epomeo-Hängen. Wir betrachteten seine Bilder in dem lichtdurchfluteten Atelier. In heiterer Stimmung sprachen wir über seine Arbeiten. Zuweilen wurde er ernst, schaute auf das tief unten liegende Forio, das er in einem seiner letzten Bilder malte, über das alte Städtchen hinweg bis zur Punta Caruso. Ein Abend, den ich gerne wiederholt hätte. Aber als ich im folgenden Jahr erneut die via Cardinale Lavitrano und die via Roma hinaufeilte, dem Epomeo entgegen und schließlich vor seinem Haus stand, waren dessen grüne Fensterläden verschlossen.

Ernst Bursche bin ich begegnet und Jahre später auch Salvatore Mattera, dem Taxifahrer. Ich hatte Salvatore gesucht, um mit ihm über seinen Freund zu sprechen. Über Ernesto, den er stets im beginnenden Frühling mit seinem Dreiradgefährt am Bahnhof in Neapel abholte, um gemeinsam eine turbulente Fahrt durch die alten Viertel der Stadt zu erleben, ehe sie das Schiff nach Ischia nahmen.

An einem frühen Sommermorgen fuhr Salvatore mit mir in seinem Microtaxi über die Berge, zu einsam gelegenen Dörfern und Osterias. Orte wollte er mir zeigen, die ihn in besonderer Weise an Ernst Bursche erinnerten. Während er mir mit leuchtenden Augen von alten Zeiten erzählte, entdeckte ich einen Prospekt zur letzten Ausstellung seines Freundes in einem der Torrioni von Forio, mächtigen Verteidigungstürmen aus der Zeit der Sarazenen. Salvatore hatte den längst verblichenen Katalog noch immer hinter das Lenkrad geklemmt.

Ernst Bursche, der Maler, und Salvatore Mattera, der Microtaxifahrer – verbunden in ihrer Lust an einem freien Leben.

Ernst Bursche. Giovanni, 1965, Weinbauer in der Cavascura,
Kreidezeichnung

Auf dem Höhenweg zum Maronti-Strand

Nach dem Gespräch mit Dolly nehme ich einen einsamen Höhenweg. Schaue über hohes, silberglänzendes Gras hinauf in die Berge, weit über das Meer. Und dann in die Schlucht der Cavascura. In den angeschwemmten Müll und Unrat von darüberliegenden Hängen und Häusern, überwuchert von Macchia und Ginster. Eine Wanderung durch eindrucksvolle Natur, verletzt durch Achtlosigkeit und Gleichgültigkeit von Menschen.

Blicke hinein in die Eingeweide der Bäder ohne Wasser. Alles wirkt grau und angerostet. Überall verbogene Leitungen, Stapel von Baugerüsten, gerade erst abgebaut oder kurz vor ihrem Aufbau – die neue Saison vorbereitend. Blicke hinein in eine Schlucht, in ihr Herz, aus dem die heißen Wasser kommen. Blicke in eine Schlucht voller Kraft, mit einer Luft voller Energie, deren Gefährdung im Sommer vergessen ist.

Dann schweißtreibend der Weg über eine steile Treppe erneut nach oben. Auf einem nach Süden gelegenen Hang Blumen in leuchtendem Gelb, umschwirrt von ersten Bienen und Hornissen, als ob bereits tiefer Frühling wäre. Wiesen mit Margeriten, mit Blumen in samtenem Lila. Und jene hibiskusartigen Gewächse, die in leuchtendem Orange erblühen.

Meine Wanderung führt durch ein bäuerliches Anwesen inmitten von Weinbergen, das in seiner Ursprünglichkeit und Wildheit unvergleichlich ist. Das Zuhause von Ciruzzë ist eingebettet in Ginsterbüsche und Bambusstauden, gesäumt von Bäumen, die von Orangen und Zitronen überquellen. Ineinander verschachtelte, in primitiver Weise aneinandergebaute Hütten. Alle Fenster und Türen sind weit geöffnet, sie lassen mich in eine fremdartige Welt blicken. Ein Rudel von Katzen verläßt schreiend einen der Räume, von den kleinwüchsigen

Bewohnern der Behausung mit Besen und Stecken fluchend nach draußen getrieben.

Eine Frau, auf einem einfachen Feldbett ruhend, hat ihre Siesta beendet. Schwer abzuschätzen ihr Alter, das braune Gesicht in ein helles Kopftuch gehüllt. Ein junger Mann, vermutlich ihr Sohn, betrachtet mich voller Neugier aus zusammengekniffenen Augen, mit einer dicken blauen Wollmütze auf dem Kopf. Er sieht mich an und hebt seinen linken Arm wie zum Gruß: »buona sera«.

Kessel, an Holzgestängen aufgehängt, Pfannen und alte, rostige Eimer. Dies ist wohl der Ort zum Kochen während der Sommermonate, wenn Gluthitze über den Hängen liegt, und die Menschen Schatten unter Pinien, Oliven- und Zitronenbäumen suchen.

Über einen steilen, mit Geröll und aufgeweichtem Sand bedeckten Fußweg gehe ich hinab zum Meer. Der weite Maronti-Strand ist menschenleer bis zu den schwarzen Felsen. La Gondola, die Hotelbauten von Vittorio, Angelino und Regina del Mare – ihre Türen und Fenster sind verschlossen, durch Verschalungen gegen die Winterflut geschützt. Einblicke in die auf Stelzen gebauten Buden für den Sommer. In ihr Inneres, ausgesetzt der Seeluft und dem Meer.

Die Terrassen und Gehwege am Rand des Strandes sind voller Sand. Die Natur hat sich im Winter zurückgeholt, was man ihr seit den frühen Monaten des Jahres bis in den Herbst hinein verwehrt hatte.

Alle sind versammelt

Am Abend zieht es mich erneut in die Bar del Ponte, zu den Fischern und Taxibootfahrern, den kleinen Geschäftsleuten und Besitzern von Pensionen und Restaurants.

Sonnenverbrannte Gesichter, wohin ich sehe. Carlos Bruder Peppino, mit graumelierter, handgestrickter, spitzaufragender Zipfelmütze im Fieber. Im Spielfieber. Unablässig Zigaretten rauchend. Ein Gesicht von blauvioletter Schwärze.

Es ist der Tisch der Fischer, an dem er sitzt, die am frühen Morgen diesmal mit reichen Fängen zurückgekehrt sind. Sie spielen bemerkenswert ruhig, in heiterer Stimmung. Kein heftiges Wort. Immer wieder nicken sie sich zu – aufmerksam betrachtet von Ciruzzë, der später über die Hügel gehen wird, zurück in sein Weinberghaus.

Das jähe Schreien und das harte, krächzende Lachen ringsum scheinen abzuprallen an dem Tisch der Fischer – hinaus in den Staub der Straße. Ihre dicken, verfilzten Haare sind mit sonnengebleichten Mützen bedeckt.

Dicht an einer Säule heute abend auch ein Tisch mit ernsten Männern. Allesamt mit mattschwarzen Schiffersmützen, mit dicken Pullovern in dunklem Rot, in Blau und Schwarz. Sie spielen und schweigen.

Da betritt »Prominenz« die Räume. Orazio, der Restaurantbesitzer, kommt und ein kleiner Gemischtwarenhändler mit seinem ewig vergrämt aussehenden Gesicht. Orazio schlendert von Tisch zu Tisch. Zuweilen von einem der nächstsitzenden Kartenspieler persönlich begrüßt – Glücksgefühle und sichtbaren Stolz im Gesicht des meisterlichen Kochs auslösend. Plötzlich ist er in ein anscheinend bedeutungsvolles Gespräch mit dem schwarzhaarigen Inhaber der Bar vertieft. Falten ziehen sein nahezu quadratisches Gesicht zusammen, ausgeleuchtet von den Flammen des Pizzaofens.

Zigarettenrauch zwischen den Spielern, Gelächter über knallenden Karten. Aber nicht ein Glas, nicht ein Tropfen Alkohol auf den Tischen. Ich allein trinke Wein an diesem kalten Abend. Erregte, lachende, ernste, bedächtig blickende, melancholisch vor sich hin schweigende Gesichter. Und eben

Ciruzzë, der die Tische scharf beobachtend wie ein Raubvogel umkreist. Von niemandem beachtet. Einsam scheint er mir, wie seine nächtlichen Wege über die Berge.

Dann ein Auftritt besonderer Art: Der »Coiffeur« des Dorfes kommt – hereinwehend mit der Leichtigkeit und Eleganz eines Figaros seiner Zunft. Gekleidet in ein weites, modischgeschnittenes schwarzes Jackett; tiefblau das Hemd, mit einer eng um den Hals zusammengezogenen Krawatte in Türkis und Grau. Ein schlanker Mann mit schulterlangem, mittelbraunen Haar und einem verwegen geschnittenen Bart.

Vittorio, der Friseur von Sant'Angelo, mit einem Kopf wie ein Adler, mit dicken, buschigen Augenbrauen. Er setzt sich und ist »mittendrin« bei den Fischern. Er sucht in den Gesichtern der Spieler zu lesen, nickt zustimmend und anscheinend alles und jedes bestätigend. Er sieht in die Karten, er lächelt aus nervös umherblickenden, dunklen Augen.

Währenddessen hat Ciruzzë sein drittes Glas an der Bar geleert. Stolz gibt er eine neue Bestellung auf. Aber er bleibt allein, während er trinkt. Schließlich schlurft er davon, zu dem nächsten Tisch der kartenspielenden Fischer und Kaufleute.

Spät noch am nächtlichen Hafen. Ein weicher, kühler Wind, der vom Festland herüberweht. Der das Wasser vor sich herschiebt, sanft und behutsam. Das Meer in bräunlichem Violett. Die Häuser gegenüber liegen still. Keine zuckenden Lichterketten. Keine laute Musik, keine neapolitanischen Lieder, wie an heißen Sommertagen, dringen herüber.

Der Wind ist die Musik der Nacht. Ernst und einsam und dunkel liegt das Dorf. Keine Menschen, kein Rufen, kein Lachen. Nur das leise Strömen des dickflüssig wirkenden, schwarzbräunlichen Meers. Der Wind verfängt sich in der Takelage eines vor Anker gegangenen Segelbootes. Zwei Hunde balgen sich im Sand.

Sechster Tag

Vorbei, fast schon vergessen, scheinen die Tage mit Regen und Sturm. Die sattgrünen Hügel sind eingetaucht in Fluten von Licht und erfüllt von neuem Leben. Das Meer zwischen Torre und Sant'Angelo gleicht geschmolzenem Silber. Die Luft ist weich und mild. Zum ersten Mal in diesem Jahr rieche ich die frisch gewaschene Erde, den Duft von Blüten, die unter der Sonne aufgebrochen sind. Ich sehe riesige Hummeln und Schmetterlinge. Die Hänge leuchten auf. Das hohe Gras gleißt wie an sonnentrunkenen Tagen im Mai. Das Schilf, der Bambus, das Pampasgras wiegen sich im Wind.

Ein anderer Tag. Vergessen ist, was gestern war: die frierenden Mütter mit ihren buntgekleideten Kindern, die Fischer, dick eingehüllt in Mützen und Pullover und Jacken. Plötzlich wirkt alles leicht und heiter. Ein Tag, der versöhnt mit den Härten der Natur. Stauden voller Blüten in Violett und lichtem Blau. Und dazwischen Ginsterbüsche, kurz vor ihrem Erblühen. Erste Besucher am Strand, die bunte Badetücher ausgebreitet haben.

Auf dem Höhenweg zur Cavascura lasse ich mir die vergangenen Tage mit Dolly noch einmal durch den Kopf gehen. Kein Gespräch, keine Erzählung wäre vorstellbar gewesen ohne die Fischer, die Bauern, die Süditaliener, die Touristen, die Gäste. Und eben, wie an dem Tag zuvor, die Künstler: die Maler und Bildhauer.

Heute wollen wir über Menschen in Ischia sprechen, über Menschen im südlichen Italien: ihre Mentalität, ihre Art, Glück und Trauer zu erleben.

Ernst Bursche. Giovanni Maltese, 1967, Bauer, Kreidezeichnung

Menschen im Süden

Der Tourist sieht die Italiener vollkommen falsch. Er kann diese Mentalität überhaupt nicht verstehen. Er kann hier noch zehn Jahre in den Urlaub kommen, und er wird die Italiener nicht verstehen. Die Italiener sind tragisch, wie die griechische Tragödie, sind schwer. Ganz besonders die Süditaliener. Sie leiden am Leben. Schön und traurig sind sie. Und gewieft – man muß ja durchkommen durchs Leben.

Sie singen und spielen und lachen. Und der Tod steht daneben. Das steckt ganz tief drin, die Vergänglichkeit. Das haben sie. Das ist drin. Und das ist das Ausschlaggebende. Und das Wunderbare. Aber kein Tourist bedenkt das. Diese Traurigkeit und Schwermütigkeit, diese Melancholie auch. Das hat seinen Ausdruck im ganzen Verhalten, nicht nur in den Liedern. Daß sie so sitzen können, stundenlang. Das sind Philosophen. Der Tourist sieht nur die Oberfläche, das Mandolinenspiel, die Schablone.

Das war auch mit ein Teil, der mich so berührt hat, daß ich einfach hier bleiben mußte. Weil es auch mir so entspricht. Und deswegen war es wohl überhaupt möglich, daß ich hier so gut leben konnte, bleiben konnte. Weil Tonino und ich vollkommen auf derselben Seelenlinie lagen. Wie oft sah ich ihn, wie er da saß: Traurig schaute er übers Meer, sein geliebtes Meer. In sich versunken, so saß er da. Und die Wurzel für die Trauer?

Die Vergänglichkeit – dies ist es. Das haben wir doch auch. Im Grunde ist sie immer eine Begleitmusik. Das ist das Wesentliche hier. Und dann das Ausgeliefertsein an die Macht der Elemente, das Meer, die Erde, die Stürme, die dem Menschen das rechte Maß geben.

Da tauchten sie auf in Dollys Geschichten: die Fischer und die Bauern in den Bergen und fruchtbaren Ebenen. Ich wollte von ihr wissen, ob die Fischer glücklich sind bei ihrer Arbeit. Sie erzählte vom letzten »richtigen« Fischer des Ortes, von Domenico

Barricelli, der seinen Lebensunterhalt vor allem mit Schwertfischfang verdient. Und von Fischern, die am Meer leben, die offen seien, flexibel und tolerant. Sie seien unglücklich ohne ihr Meer. Früher hätten sie sich mit einfachen Holzbooten bis zur ligurischen Küste gewagt. Noch vor Jahrzehnten seien sie, für oft hundert Tage des Jahres, mit Segelschiffen zu den Küsten Spaniens und Tunesiens aufgebrochen, um dort Wein zu verkaufen.

Täglich erleben sie die Macht der Elemente. Da bleibt der Mensch klein. Fischer fahren ins Ungewisse, sie erleben die ständige Unberechenbarkeit der See.

»Und die Bauern in den Bergen?«

Sie müssen auf Kleinigkeiten achten. Sie halten zusammen. Sie halten fest. Gegenüber den Neapolitanern, den liebenswerten Gauklern, sind die Menschen von Ischia verschlossener. Der unmittelbare Kontakt mit dem Meer macht ernst.

Wir sprachen über Fischer und Bauern auf der Insel. Und Dolly erinnerte sich an unvergeßliche Menschen, an einen Pfarrer in Sant'Angelo vor langer Zeit:

Der Vorgänger des jetzigen Pfarrers war fünfzig Jahre hier. Er hielt das ganze Dorf in Schach. Das war ein Pfarrer wie aus dem Buch, wie man sie früher in den Filmen sah. Mit einem großen Mantel bis zum Boden. Einem schwarzen Mantel mit Pelerine und einem großen schwarzen Hut, wie alle Pfarrer in Süditalien, Sizilien. Und mit einer Brille. Das war unser Pfarrer. Mit einem Stock in der Hand. Der ging wirklich wie ein Hirt und wie ein Fürst durch Sant'Angelo. Und alle Kinder hinterher, wenn er ausging. Fünfzig Kinder hinterher. Da es weit und breit keinen Arzt gab, ging man zum Pfarrer. Er saß dann an einem großen Tisch. Er hatte hinter sich eine Wand voller Medikamente, von antik bis modern. Und wenn man Gottvertrauen von ihm mitnahm samt Pillen oder Tropfen, half es ganz bestimmt.

Dolly kam auch auf den jetzigen Pfarrer zu sprechen, der vor einiger Zeit sein dreißigjähriges Dienstjubiläum gefeiert hat. Ein moderner Seelsorger von ungewöhnlicher Beliebtheit im ganzen Dorf. Mit einem Augenzwinkern gab sie von Don Vincenzo die Geschichte zum Besten, wie er Fußball spielte:

Es war ein Tag im späten Winter, auf einer großen Wiese über dem Meer, auf der heute das Hotel Vulcano steht. Don Vincenzo spielte Fußball mit der Dorfjugend. Seine Soutane flog hoch bei all diesen wilden Aktivitäten. Und was offenbarte dies: Bei Don Vincenzo, dem Pfarrer, dem von allen Verehrten, blitzten weiße Socken unter der Soutane hervor. Er lebt mittendrin. Er ist einer von ihnen.

Über die Bewohner des kleinen Fischernestes wollte ich mehr wissen. Über Aniello und Crescenzo, über Giorgio und Giovanni. Und über Peppino. Denn all diesen Menschen gehört das Herz von Dolly. Und sie erzählte, das Glas Ramazzotti in ihrer Hand, von Männern, die barfuß liefen.

Da war der alte Crescenzo, Held vieler skurriler Geschichten:

Er ist zum Gemeindeamt ohne Schuhe gegangen. Er hatte seine Schuhe dabei, über der Schulter hängend. Einen hier, einen da. Das könnte man illustrieren. Herrlich. Die Schuhe zog er erst auf der Treppe an, bevor er reinging ins Gemeindeamt, weil sich das so gehört. Und wenn er rauskam, hat er sich hingesetzt, die Schuhe wieder zusammengeschnürt, über die Schulter gehängt. Und auf dem steinigen Eselspfad herunter von Serrara – und er ging ja nicht sehr gut – hat er sich natürlich den großen Zeh gespalten. Er lief dann nachher wochenlang mit einem Verband herum.

Mich wunderte überhaupt, daß der nicht dauernd in Scherben oder so was reintrat. Aber der hatte doch nur ein Paar Schuhe im Leben. Einmal traf ich ihn mit blutigem großen Zeh auf der Piazza. Da gab er mir den weisen Rat: ‚Besser der Zeh kaputt, als die Schuhe.' Ansonsten war Crescenzo ein Trunkenbold und keineswegs zart besaitet.

Da war Giorgio, ein armer Fischer, der in einer primitiven Behausung am Hafen lebte. Durch einen Unfall war sein großer Zeh steif geworden. Danach benutzte er ihn als Haken zum Netzespannen:

So saß er Tag für Tag an der Piazza und filierte die nach jedem Fang zerrissenen Netze. Ich sah gerne zu, mit welcher Grazie seine Hände arbeiteten. Wie er seine Netze flickte und der große Zeh ihm dabei vortreffliche Dienste tat. So ist er auch auf dem Aquarell eines Münchener Malers zu sehen. Von Kirchpfenning, der oft mein Gast war.

Da war Giovanni mit seinem unbändigen Lachen:

Giovanni, Mittelpunkt der Piazza, war immer umringt von einer Schar Touristinnen mittleren Alters. Ihnen zu Ehren trug er auch mal ein amerikanisches Hemd und zum Fest von San Michele eine Krawatte. Abends schleppte er regelmäßig Freunde und Verehrerinnen zum Coniglio-Essen in das Ristorante auf dem Torre, berühmt für diese Spezialität. In allerbester Laune saß er selbst nur bei Brot und Wein dabei, während inzwischen die verlockend duftenden Platten mit den Conigli aufgetragen wurden. Sie waren mit Wein und Olivenöl zubereitet und gewürzt mit Rosmarin und Knoblauch.

Und da ist Aniello, der Fischer, der auch nie Schuhe trägt:

Aniello ist immer zu Scherzen aufgelegt. Er ist ein allseits beliebter Fischer, der nach seinem Boot »Il Pellicano« genannt wurde. Er ist immer auf der Piazza. Und eines Tages wurde er von einem bekannten italienischen Sänger nach kräftigem Begrüßungsschlag auf die Schulter gefragt: ‚Na, Aniello, come stai? Immer noch ohne Schuhe? Hast du überhaupt schon einmal Schuhe an den Füßen gehabt?‘ Und Aniello ohne zu zögern: ‚Si, Signore, solo quando mi sono sposato – Ja, als ich geheiratet habe.‘

Von weiteren Persönlichkeiten, die früher in Sant'Angelo gelebt hatten, wollte ich hören. Und nach wenigen Augenblicken waren wir bei Peppino angelangt, dem alten Wirt jenes Gemäuers dicht am Torre. Der Vater von Orazio, dem jetzigen Eigentümer des Fischlokals, war der erste Besitzer des Ristorante Da Peppino. Und Dolly schwelgte in Erinnerungen:

Das war also der berühmte Peppino, den alle liebten. Peppino war ein Meister der Küche und der Gesänge. Er wurde eine Legende. Als ich herkam, ging man zu Peppino. Da war das natürlich nicht so wie jetzt, mit einer Veranda davor. Einige wenige, grobgezimmerte Tische und Stühle und Schemel auf einem Bretterboden, zu dem – genau wie heute – eine Treppe führte.

Man ging diese Holztreppe hoch und über die Bretter ins Haus. Da war es abends immer knüppeldicke voll. Die Küche lag einige Stufen höher, in der Peppino mit seiner Frau berühmte Fischgerichte machte. Peppino war ein Herr. Er war ein Weltmann. Er war nirgendwo gewesen, aber er war ein Herr.

Wenn alle gegessen hatten, stellte er sich auf die oberste Treppenstufe mit einem riesigen, alten Strohhut und einigen bunten Tüchern um Hals und Lenden, nebst seiner Mandoline, die nur eine einzige Saite hatte – alles war kaputt. Mit der gab er den Ton an. Neapolitanische Lieder sang er voller Trauer und Glückseligkeit. Lieder aus italienischen Opern. Und jenes Lied vom trunkenen Weiberhelden Falstaff. Und mit ‚Im tiefen Keller sitz' ich hier' machte er den Falstaff beinahe glaubwürdig. Alle waren begeistert, die Stimmung war enorm. Vor Rauch sah man bald niemanden mehr.

Dolly sprach darüber, daß bei den Menschen im Süden Lachen und Weinen, Glück und Trauer näher beieinander lägen, als bei Menschen in anderen, nördlichen Ländern. Sie sprach auch über den Tod:

In dem Moment, wo jemand tot ist, kümmern sich die Angehörigen um gar nichts mehr. Sie sitzen abseits und ergeben sich ihrem Schmerz. Alles andere machen die Nachbarn. Man braucht sich um nichts zu kümmern, um rein gar nichts. Die Nachbarn richten den Toten her. Sie kleiden ihn ein. Sie bestellen die Ma-

nifeste, diese großen Plakate, die im Dorf und auf der Insel an Häuserwänden die Todesnachricht und das Datum der Beerdigung bekanntgeben.

Sowie der Tote gekleidet ist, wird er auf dem Totenbett mitten im Raum aufgebahrt. Stühle vom ganzen Haus füllen das leere Zimmer. Dann kommen auch schon die Leute. Und die Trauernden sitzen beim Toten die ganze Nacht bis zur Stunde seiner Beerdigung am nächsten Tag. Die Frauen sitzen um den Toten und beten den Rosenkranz im Flackern von Kerzen auf hohen Ständern. Blumen kommen erst am nächsten Tag aufs Grab.

Am Tage ist ein lebhaftes Kommen und Gehen der Bevölkerung, jeder bleibt etwa zehn Minuten. Küßt den Toten und alle Angehörigen. Man flüstert leise. Das ändert sich erst abends, wenn die Männer vom Dorf kommen, um Totenwache zu halten – eine Ehre, die man dem Toten entgegenbringt. Sie wird mehrmals abgelöst, denn nicht jeder kann die ganze Nacht wegbleiben. Die Fischer müssen um fünf Uhr ihre Netze einholen. Es geht oft recht lebhaft zu, die Frauen bringen aus der Küche laufend Kaffee, Gebäck und Likör. Es wird geraucht bis zum Morgengrauen.

Dann kommen schon wieder Besucher, die am Tag vorher keine Zeit hatten. Und es ist ein Laufen, ein Kommen und ein Gehen bis zum Moment, wenn der Pfarrer kommt, bis zur Beerdigungszeit. Etwa eine halbe Stunde oder Stunde vorher kommt der Pfarrer. Dann segnet er den Toten hier ein, im Haus, mit allen Gebeten, die Frauen drum herum. Dann wird der Sarg hereingebracht und alle gehen raus. Es bleiben auch wieder nur Männer da. Und legen den Toten vom Bett in den Sarg, der muß auch richtig vorschriftsmäßig zugemacht werden. Die Kirchenglocken läuten pausenlos während der ganzen Zeit – auf dem Weg zum Friedhof mit dumpfem Ton. Die Menschenmenge geht hinterher.

War früher jemand gestorben, gab die Kirchenglocke sofort bekannt, wer tot war, und zwar durch unterschiedliche Abfolgen der Schläge. Wenn eine Frau gestorben war, wurde anders geläutet, als wenn ein Mann beerdigt werden sollte oder ein Kind. Und wenn eine reine Jungfrau – und wenn sie auch zig Jahre alt war, aber sie mußte nachgewiesene Jungfrau sein und sündenfrei – gestorben war, wurde wieder anders geläutet. Man mußte eben musikalisch sein… Heute unterscheidet die Totenglocke nur noch zwischen Erwachsenen und Kindern.

Die Vertrautheit dieser Menschen mit dem Tod berührte mich sehr. Ihre Trauer, die frei scheint von den Zwängen des »verwalteten« Todes in meinem Land, so wie ich es bei der Beerdigung meiner Eltern erlebte.

Hier ist die Trauer durch nichts gestört. Durch keine Formalitäten. Nicht durch Geld, durch nichts. Denn das müssen ja alles die anderen, die Nachbarn, die Freunde machen. Sie organisieren alles. Sie müssen den Pompeo anrufen, den Totengräber des Dorfes, der das Grab ausheben muß. Das muß ja noch geschaufelt werden bis zum nächsten Tag.

Der hat gerade zu tun. Meist ist ein anderer drin, der muß erstmal raus. Und der muß wieder wo rein, um seine Gebeine in ein Zinkkästchen zu legen, wobei sich die Größe des Kästchens nach der Länge des Oberschenkelknochens richtet. Diese Exhumierung findet nach etwa zehn Jahren statt. Dazu werden die Angehörigen benachrichtigt, nachdem Pompeo alle Knochen, auch den letzten vom kleinen Finger, auf zwei langen Brettern zum Skelett zusammengepuzzelt hat, nicht ohne vorher mit Alkohol schön säuberlich eine Waschung zu machen.

Wenn jemand gestorben ist, schaltet man einfach ab. Man kann dabei sitzen, still in einer Ecke und darüber nachdenken. Das ist wunderbar. Aber was ich am furchtbarsten finde in unserer heutigen Zivilisation, und was ich am allerschönsten finde. Zunächst das Schreckliche: daß die Menschen sich grauen vor Toten, daß die Menschen Angst haben vor Toten, daß überhaupt der Tod etwas Schreckliches ist. Das ist sonderbar. Das ist ein großer Teil dessen, neben vielen anderen Dingen, weshalb ich nur hier leben kann. Ich kann nur im Süden leben. Das Schöne hier ist dies Vertrautsein, daß doch von der Geburt an der Tod neben mir geht als mein Freund. Immer, in jedem Moment. Daß man sich doch gewissermaßen auch mit ihm unterhält. Der ist doch immer allgegenwärtig bei uns allen, wie wir hier sitzen. Er ist doch da. Und warum soll ich mich denn vor ihm grauen?

Im Norden ist der Tod etwas Negatives. Beinahe ein Fremdkörper. Und es geht doch solche Würde von einem Toten aus. So etwas Wunderbares. Die sollte man nicht verletzen durch lächerliche Empfindungen und lächerliche Handlungen. Das ist so schön hier: daß der Tote, bis er wirklich in die Erde kommt, noch angefaßt wird, noch mit dabei ist bis zum letzten Moment. Und dann wird noch über ihn geredet: ‚Weißt du, was er damals gesagt hat? Da liegt er jetzt. Da hat er das und das gesagt.' Und es kann auch sein, daß während einer solchen Unterhaltung gelacht wird.

Und ganz zum Schluß erzählte Dolly die Geschichte von der Beerdigung des Großvaters der Familie meiner Pension, den alle im Dorf Nonno Garibaldi nannten. Es war ein heißer Sommertag im Jahr 1974, an dem er beerdigt werden sollte:

Zuvor, wie üblich, wartete die Trauergemeinde auf das Eintreffen des Sarges wie des Pfarrers zur Aussegnung. Als alle Rituale absolviert waren, sechs Männer den Sarg zum Abmarsch hoben, geschah das wohl Einmalige: Der Boden hielt dem Gewicht des Toten nicht stand oder war schlecht vernagelt. Großvater lag in praller Sonne auf dem Weg, während die billige lila Futterseide des Sarges in Fetzen im Wind hin- und herwedelte – ein makabrer Anblick, dem alle stumm und starr zuschauten. Großvater wurde wieder ins Haus getragen, bis nach einer Wegstunde ein neuer Sarg kam, in Eile nicht ganz den Maßen gerecht, was aber nach allem niemanden mehr erschüttern konnte. Endlich setzte sich der Trauerzug in Bewegung.

An diesem Tag sprachen wir über Menschen im Süden Italiens, über ihr Erleben von Glück, von Trauer und Tod. Und ich glaubte, die Totenglocke von San Michele im Nachtwind zu hören, so wie ich sie während vieler Jahre in Sant'Angelo erleben konnte...

Totenglocke und Nachtwind

Die Kirche San Michele liegt am Fußweg nach Serrara, gedrungen und von wehrhafter Gestalt. Erbaut wurde sie um 1850 auf dem Platz eines früheren, sehr alten Kirchleins mit dem schönen Namen »Santa Maria a Terra«. Dargestellt wie auf einem Ölbild in der Apsis, bekam das Gotteshaus den Namen »Maria Assunta in Cielo«. In dieser Zeit auch geehrt mit der Holzstatue von San Michele, dem Dorfheiligen, sollte es schließlich »San Michele Arcangelo« heißen. Ein Bauwerk mit einer nahezu klassischen Barockfassade. Mit einem wuchtigen, kurz aufragenden Glockenturm. Eine Kirche von großer Schlichtheit in ihrem lichten Inneren, überquellend von Blumen zu besonderen Festen.

Und dann, bei all den kirchlichen Gesängen und Gebeten – die Totenglocke. Stets gleich ist ihr Schlagen, wenn Tod im Dorf zu verkünden ist. Dies dong, dong, dong – dang... Nach festen Regeln sich wiederholend, berührend, klagend. So klingt es über die Häuser, über Gärten und schmale Wege hinab zur Piazza, weit über die Bucht.

Leben und Leichtigkeit und Stille und Wärme – dies hoffte ich hier immer zu finden. Aber da ist eben auch die Totenglocke. Ganz unvermittelt läutet sie hinein in Träume von blendender Sonne, von reifen Zitronen und Meer. Hinein in das Spiel eines jungen Pianisten aus einem nahegelegenen Haus, der dort gelegentlich Abendkonzerte gibt. In die Musik von Chopin, Debussy und Rachmaninov. In atemberaubende Läufe und berauschende Klangfülle.

Die Totenglocke am Tag. Und der Wind in der Nacht – wie sehr hat er mich während all der Jahre fasziniert, wenn er über hohe Mauern und Gräber wehte. Die steilen, schmalen Wege dorthin sind blumengesäumt. Duftender Jasmin und geheimnisvoll-glühende Bougainvillea begleiten bis zu einem eisernen Tor. Steinernes Schweigen, bedrängende Stille. Nächtlicher Wind über den Gräbern, der einhüllt, der aufwühlt, der mich auf eigentümliche Weise mit Sehnsucht erfüllt.

Der Friedhof im Nachtwind: Es gibt dort eine kleine Kapelle zwischen den Gräbern. Eine Kapelle, noch erfüllt von der Wärme des Tages. Um sie Dunkelheit und das elektrische Licht der Lampen auf Gräbern, die marmornen Schiffen gleichen, die hier oben vor Anker gegangen sind. Vollkommene Stille in der Kapelle.

Zwei brennende Kerzen zu beiden Seiten des Altars. Neben Grabplatten und Sarkophagen auf Keramikfüßen vor den Wänden steht ein Stuhl in der Ecke links neben der Tür. Den schlichten Altar schmückt das Bild einer Madonna mit Kind, das sich schutzsuchend an die braunen Wangen der Gekrönten schmiegt. Vor seinen Marmorstufen ein kleiner Beichtstuhl, mit dem flackernden Licht einer Kerze davor. Betäubend-süßlicher Duft eines Straußes mit Lilien und Rosen auf dem Boden. Darüberschwebend ein sechsarmiger Bronzeleuchter.

Die Totenglocke von San Michele Arcangelo, diese Stille – und der nächtliche Wind über den Gräbern.

Tiefe Dunkelheit

Sant'Angelo wirkt heute abend düsterer als sonst, als ob der kalte Wind aus Nordwest das Licht der letzten Tage wieder vertrieben hätte. Das Dorf liegt fast vollständig im Dunkeln. Vor allem seine Teile im Osten, entlang den Berghängen zu den

Thermalbädern. Kein Licht aus dieser Richtung. Auch nicht aus den ineinander verschachtelten, sich auftürmenden Häusern – fahlfarbene Bauten mit dunklen Fenstern. Das Meer wird von den Winden aus Nordwest stetig und spielerisch auf die Küsten um Neapel vorangetrieben. Leicht und schwarzsilbern schimmernd. Ein ewiges Fluten.

Keine Menschen am kleinen Hafen, kein Rufen, kein plötzliches Schreien. Keine Hunde, die irgendwo im Dorf anschlagen. Nur ein großes hölzernes, gelb angestrichenes Segelboot hat an der Mole festgemacht, das eine Flagge in Grün und Weiß und Rot gehißt hat. Mit einem mir unbekannten Wappen. Ein schwerfälliges, vor sich hindümpelndes Boot. Schließlich stellt sich ein Mann vor das Schiff, in langer Wetterjacke und mit über die Stirn gestreifter Wollmütze. Er schaut still hoch zu den Mastspitzen.

Er steht ganz einfach da, wie alle Fischer in diesen Tagen. Er blickt auf das Boot, seine Hände in den Hosen vergraben. Und ich frage mich, was er eigentlich hier will in der Nacht, allein im Wind, in der Kälte, am Meer.

Ich überquere die Piazza. Junge Männer sitzen aneinandergekauert und frierend auf spärlich aufgereihten Stühlen an der Mauer des Ridente. Sie schweigen, nur selten sprechen sie miteinander. Ihre Mützen, wie die der Fischer, haben sie weit übers Gesicht herabgezogen.

Auf dem Weg nach oben leuchtet mir ein Fenster entgegen. Das Haus, seine Fassaden sind in blaß aufscheinendes Rosa getaucht, gesäumt von Palmen, von Kakteen und hoch aufragendem Bambus. Im fahlen Licht drängt das Gewirr der Häuser und engen Gassen vom Meer herauf.

Tiefes Dunkel breitet sich aus, ohne Leben. Anscheinend noch immer ergriffen von der Starre des Winters. Nur dies glutrote Fenster in schwarzem Rahmen unter einer Palme, die mit ihren Wedeln weit über den abblätternden Putz des

Hauses, der Casa Rosa, reicht: dem ersten Thermalbad von Sant'Angelo, gebaut vor etwa fünf Jahrzehnten. Sie streift das Rot des Fensters, das fast schwarz wirkt in der Nacht.

Ernst Bursche. Fischer, 1981, Kreidezeichnung

Siebter Tag

Wolken jagen über die Berge, schon seit Tagen – hinweg über die beginnende Morgenröte, ganz nah bei Capri. Breite Strahlenbahnen, deren Ränder in silbriges Braun und hellstes Goldgelb gefaßt sind. Für Augenblicke reißen die Wolken auf und geben Raum für eine Sonne, die ihr Licht über das Meer ergießt.

Über den Stränden liegt früher Morgen. Ein Fischer bemüht sich nahe dem Torre um einen Fang für den Tag. Die Küste ist menschenleer. Unberührt, noch immer in tiefer Ruhe. Das Meer endet mit schmalen Wellen, die leise, versöhnlich am Ufer auslaufen.

Der Torre erhebt sich in blassem Blaugrün. Einige wenige hellgraue und zartrosafarbene Wolkenfetzen, die zur Küste ziehen. Und hinein in die Stille Möwengeschrei.

Mein erster Blick hinab zum Hafen. Ein Fischer steht dicht an der Kaimauer und zieht unablässig die Netze aus seinem Boot. Ich erkenne eine am Boden sitzende Gestalt – einen weiteren Fischer, der ihm hilft. Zwei Boote, die kurz zuvor eingelaufen sind, die Männer von einem schwarzen Hund umkreist. Sonst tiefe Stille. Nichts als strömendes Meer und Wind, der Wolken auseinandertreibt. Und erneut zu riesigen Türmen vor der Küste aufschichtet.

Auf dem Weg nach unten gehe ich an »schlafenden« Häusern vorbei. Die Fensterläden sind verschlossen. Überall bröckelt in breiten Schichten der Putz von den Wänden. Der Winter hat tiefe Spuren hinterlassen.

Als ich die Piazza erreiche, bricht die Sonne voll durch die Wolken und taucht alles in kaltes Licht. Ridente und Conchiglia flammen in hellem Braun und Altrosa auf, als ob sie kurz zuvor in Brand geraten wären.

Ich nähere mich dem kleinen Boot der Fischer. Mit keinem Blick geben sie zu erkennen, daß sie mich wahrnehmen. Der eine steht noch immer tief gebeugt an der Kaimauer. Eine kräftige Gestalt, Netze aus dem Boot herausziehend, mit dickem, rotblau gestrickten Pullover und schwarzer Baskenmütze. Der andere, alles grau und alt an ihm, sitzt zusammengekauert mit breit gespreizten Beinen im Boot: die Netze säubernd, Tang und Muscheln, kleine Krebse und kleine Sardinen achtlos ins Meer werfend.

Zu seinen Füßen ein Plastikeimer mit Fischen in dem spärlich vorhandenen Wasser. Verzweifelt nach Luft schnappend, sich zusammenkrümmend und dabei letzte Lebensreste verlierend. Allmorgendliches Schauspiel. Dunkel und Licht, Leben und Sterben – so nah beieinander.

Während ich an der »Klagemauer« des Ridente sitze, verläßt ein Fischerboot den Hafen. Es durchquert Ströme von flüssigem Silber, erscheint wie ein davongleitender Scherenschnitt. Rasch entschwindet es hinter den Steinbarrieren, dicht neben dem Torre.

Auch der barfüßige Aniello ist wieder da. Ein Fischer mit bäuerlicher Kraft. Plötzlich springt er auf ein Holzboot. Es ist verrottet, mit einem vorsintflutlichen Motor versehen. Zunächst versucht er, das alte Boot vom Wasser der letzten Tage halbwegs leerzuschöpfen. Viele Versuche, den Motor in Gang zu setzen, werden schließlich von Erfolg gekrönt. Er fährt ohne Netze. Er steht breitbeinig auf dem Holzboden und verläßt den Hafen.

Hoch aufgerichtet steht er mitten in seinem Boot. Und er steuert hinaus in die weite offene Bucht, in Richtung auf die Festlandsküste.

Kirchliche Hochzeit

Als ich nach meinem frühen Besuch des kleinen Hafens Dollys Salon betrat, sah ich noch immer Aniello vor mir, ihren Schwager, wie er heute morgen in seinem Boot stand und auf das Meer hinausfuhr. Dolly erwartete mich schon, denn an diesem Morgen sollte uns ein ganz besonderes Thema begleiten.

Fünfundzwanzig Jahre brauchten wir bis zur kirchlichen Trauung, weil ich eine geschiedene Frau war. Folglich gab es keine katholische Trauung. Aber als ich vom deutschen Einwohnermeldeamt die Benachrichtigung bekam, daß mein erster Mann verstorben ist, war ich frei. Tonino kam nach Hause, sah den Schein, riß ihn mir aus der Hand, rannte wie eine Gemse den Berg hinunter zum Pfarrer, hielt ihm den Schein unter die Nase und sagte: ‚Hier. Wir können heiraten!'

Zwei Tage später haben wir hier im Haus kirchlich geheiratet. Der große Refektoriumstisch stand in der Mitte vom Salon. Mit einer wunderschönen weißen Decke darüber – wie ein Altar. Und ein Silbertablett drauf mit den Trauringen. Riesige Blumengebinde links und rechts. Der Gärtner kam und brachte sie.

Das Haus war voller Gäste. Das war das Schlimmste: Wir aßen damals abends um Punkt sechs. Nun mußte ich es fertigbringen, daß die Gäste, wenn sie gegessen hatten, alle aus dem Haus rausgingen. Denn um halb acht kam der Pfarrer und traute uns. Und da wollten wir niemand Fremden dabeihaben.

Nun ahnte das ja kein Mensch. Nachmittags um vier oder fünf war Hochbetrieb in der Küche. Als Maria die Gäste bedient hatte, sagte Tonino: ‚Jetzt geh hin, kämm Dir die Haare und leg die Schürze ab! Ich ruf Pietro an, meinen Bruder.' Maria dachte: Jetzt stimmt's nicht mehr ganz im Oberstübchen. Was hat der denn vor? Und Tonino: ‚Geh, geh, geh! Ich sag Dir nachher, was los ist!' Ahnungslos machte sich Maria, so anständig zurechtgemacht wie es ging, vom Kochherd weg und hörte Tonino sagen: ‚Pietro muß sofort raufkommen jetzt.' Pietro, der als jüngerer dem älteren Bruder gehorcht, wie es hier Sitte ist, kam vom Fischerboot in Shorts und altem Hemd und fragte: ‚Was soll ich?'

Da sagte Tonino: ‚Tja, wir heiraten.' Die beiden, Maria, meine Schwägerin, und Pietro, fielen fast der Länge nach um. So was hatten sie noch nie erlebt. Daß wir hier heiraten wollten im Salon und nicht in der Kirche und so plötzlich. So hatten wir schon mal unsere zwei Trauzeugen. Diesmal waren es keine Straßenkehrer. Diesmal war es eine Schicht besser. Also Maria, Köchin und Schwägerin, und der Bruder von Tonino, Pietro, als Schiffsmann, als Fischer und Bootsfahrer.

Aber da saßen noch ein paar Gäste auf der Terrasse, und ich dachte: Mein Gott, in zehn Minuten kommt der Pfarrer. Ich bin zu ihnen gegangen – es war ja Hochsommer – und habe zu ihnen gesagt: ‚Es ist so wunderschön heute. Wollen Sie nicht noch einen Spaziergang machen?' Tatsächlich sagte eine Frau: ‚Ja, das könnten wir ja eigentlich. Komm, wir gehen, vertreten uns noch die Beine.' Gott sei Dank, die letzten waren auch weg. Dann kam der Pfarrer mit seinem Köfferchen, und Maria kleidete ihn ein. Dann hat er uns hier getraut. Nach der Trauung haben wir zu fünft zusammengesessen: Maria, Pietro, unser Pfarrer und wir als Brautpaar. Tonino ganz in Weiß. Ich ebenfalls in Weiß, aber ohne Schleier. Und wir haben eine Hochzeitstorte gegessen und dazu Sekt getrunken. Dann gingen alle nach Hause. Das war unsere kirchliche Trauung.

Das Schönste vom Ganzen war aber, daß Tonino nun durch die kirchliche Verehelichung wieder zur Kommunion konnte – das hatte ich ja auch fünfundzwanzig Jahre auf meinem Gewissen. Ich hatte ihn ja hineingerissen, daß er durch mich exkommuniziert war und ich auch. Nun war Sonntag und Tonino zog sich besonders gut an. Dann ging er in die Messe und kam zurück wie der glücklichste Mensch auf Erden. Er stellte sich vor mich hin und sagte: ‚Ich habe gebeichtet.' Da ist ihm wohl ein großer Stein vom Herzen gefallen.

Ich war froh für ihn, ich war glücklich, daß er das noch erlebt hat und wieder vollkommen dazugehörte, auch zur Dorfgemeinschaft und zur Familie. Ich war glücklich. Auch heute noch, daß er fünf Monate vor seinem Tod – das war im Februar 1985 – endlich mit seinem Gewissen und der Kirche in Frieden war.

Das Fest von Don Vincenzo

Nach Dollys amüsanter, auch bewegender Erzählung von ihrer Hochzeit in der Dorfkirche wandere ich über die Berge. Auf dem Rückweg besuche ich, wie schon so oft, San Michele. Ganz hinten in der linken Ecke, neben der Wendeltreppe zur Empore und zum Glockenturm, sehe ich Don Vincenzo, den Pfarrer. In schwarzem Rollkragenpullover, in dunkelblauer Hose und mit schwarzen Schuhen. Er sitzt auf einem der geflochtenen Holzstühle, auf seinen Knien eine dicke, zerlesene Bibel. Sie ist voller kleiner Zettel, die wohl bedeutsame Textstellen markieren. Tief gebeugt liest er, konzentriert und ruhig, blättert immer wieder um und versenkt sich in die für die Abendmesse ausgewählten Zeilen und Verse.

Als ich in die Kirche eintrete, blickt Don Vincenzo kurz auf und nickt mir zu. Im Flüsterton ein heiseres »buon giorno«. Und erneut versenkt er sich in seine Welt des Lesens und Betens. Die Kirche wirkt seltsam kahl, kaum frische Blumen, kein betörender Duft, wie ich das sonst vom Frühling kenne. Ein von Glaubenssymbolen erfüllter, hoher Raum in Weiß und Ockergelb. Figuren von Heiligen, von Christus und Maria. Der einmal im Jahr besonders gefeierte Sankt Michael in einer Nische – die Holzstatue des Erzengels, die vor langer Zeit in einer kleinen Kirche auf dem Torre verehrt worden war. Heiligenbilder an den Wänden. Brennende Kerzen in hohen Leuchtern.

Ich sitze Don Vincenzo gegenüber, in der anderen Ecke an der Tür zur Sakristei. Von fern höre ich das Meer, den Wind. Ein Mann betritt den Raum. Mit ausgreifenden Schritten nähert er sich dem kleinen Pfarrer, reicht ihm seine breite, schwere Hand. Es ist der Fischer aus der Bar del Ponte, der dort vor zwei Tagen inmitten der Kartenspieler saß wie ein Fels. Der Ruhe verströmte trotz des Geschreis und Lachens ringsum und der auf die Tische knallenden Karten.

Als er die Kirche betritt, glaube ich ihn in seinem Boot zu sehen, wie er am frühen Morgen stehend aufs Meer hinausfährt. Und bedächtig, mit weit ausholenden Armbewegungen, seine Netze über das Wasser auswirft.

Während ich Don Vincenzo erlebe, wie er leise mit dem Fischer spricht, erinnere ich mich an ein großes Fest des Dorfes vor etlichen Jahren, das zu seinen Ehren gefeiert wurde...

Fieberhaftes Backen in den Häusern und eifriges Singen in der nahen Schule – so hatte sich seit Tagen das Fest des Pfarrers angekündigt. Denn dreißig Jahre der Arbeit des Jubilars für die kleine Gemeinde galt es zu feiern.

Ein stürmischer, warmer Wind vom Festland hatte mich förmlich zur Schule hinübergeweht. Hell erleuchtet und voller erwartungsfroh gestimmter Menschen des Dorfes. Scharen von Kindern, die ihre feinsten Kleider trugen. Allesamt wild durcheinander schreiend und über die Maßen erregt.

Inmitten des Gewirrs von Vätern und Töchtern, von Müttern und Söhnen, von immer erneut hereingetragenen Kuchen, entdeckte ich Don Vincenzo an einer festlich geschmückten Tafel, neben seiner alten Mutter und einem örtlichen Würdenträger. In tiefes Schwarz gekleidet, mit aufgeräumt-ernstem Gesicht. Aufrecht saß er da, mit ineinandergelegten Händen. In feierlichem Ernst neben seiner greisenhaften Mutter, deren Gesicht viel Stolz auf ihren Sohn ausstrahlte. Und mir schien, daß er mit niemandem an diesem Abend Augenkontakt wollte.

In langen Reihen standen die Mädchen und Jungen, sorgsam geführt von den Müttern oder dirigiert von der höchstamtlichen Person des Abends, der Lehrerin der Schule. Gedichte, von den Kindern hastig von einem Stück Papier abgelesen, oder mutig, ohne allen Schutz, frei vorgetragen. Ängstlich, auch ehrgeizig begleitet von den die einzelnen Worte mitformenden Lippen der Mütter.

Der Pfarrer verfolgte die Würdigungen seiner Person mit äußerster Aufmerksamkeit und großer Konzentration. Kaum ein Lächeln kam auf seine Lippen, wenn eines der Kinder in der Aufregung alles vergessen hatte: die schwer erlernten Texte und die Worte des Dankes für den Jubilar.

Manchmal blickte er seltsam abwesend in den Raum, lediglich ergriffen von dem leidenschaftlich herausgeschrienen Gesang des Kinderchores. Dann packte ihn nur mühsam unterdrückte Lust am Mitsingen. Seine kraftvollen Hände verrieten seine plötzlich aufbrechende Freude.

Gedicht auf Gedicht. Lied auf Lied. Immer erneute Lobpreisungen mit den schönen Stimmen der Gratulanten. Und dann Berge von Kuchen. Jeder Familie war es eine besondere Ehre, mit einem Kuchen der eigenen Wahl das Fest zu bereichern. Und was für Kreationen schmückten schließlich die Tische! Da waren die köstlichsten Kuchen und Torten mit Früchten: wie die *torta di mela* – Apfelkuchen; die *pere e cioccolata* – Birnenkuchen mit Schokolade; die vielgerühmte *caprese* – Mandelkuchen mit Schokolade; die *tiramisu con limone, con caffè* und die *torta Sant'Angelo* mit verschiedenen Obstsorten.

Berge von Kuchen. Die Fülle von Gedichten und Liedern aus weit geöffnetem Mund und strahlenden, dunklen Augen. Die wild klingenden Stimmen, dem stumm sitzenden Jubilar Don Vincenzo entgegen. Ein großes Fest in stürmischer Nacht.

Achter Tag

Sonntagmittag auf der Piazza. Von der morgendlichen Messe kommend, stehen sie auf dem Platz: die kleinen Kaufleute und Besitzer der Restaurants und Bars, der Pensionen und Hotels ringsum sowie die Fischer. In dunkle Jacken gekleidet, die Fischer ausnahmslos mit ihren dicken Wollmützen auf dem Kopf.

Sie stehen in kleinen Gruppen, sprechen eher langsam und bedächtig, so ganz anders als beim Kartenspiel. Oder sie schweigen, blicken aneinander vorbei, gelegentlich hoch zum Torre, zu den grünen Bergen bis Testaccio und Serrara. Und immer wieder blicken sie hinaus aufs Meer. Mit eingezogenen Schultern sitzen sie entlang der Mauer des Ridente und in den Nischen des Pescatore. Zuweilen die Hände in den Hosentaschen, zuweilen Sonntagszeitungen unter die Arme geklemmt.

Der einzige, der so etwas wie sonntägliche Feierlichkeit ausstrahlt, ist Aniello. Mit einem frisch leuchtenden, hellgrünen Pullover bekleidet, hat er sich auf der schmalen Steintreppe zwischen den beiden Eingängen zum Pescatore niedergelassen. Sein Gesicht, mit leicht geschlossenen Augen, hält er der Sonne entgegen. Und er sitzt da mit breit auseinander gestreckten Beinen, mit nackten Füßen in offenen Schuhen.

Unerwartet kommt starker Wind von der offenen See auf, treibt schwarze Wolken vor sich her. Das Meer ist überraschend schnell weiß von Gischt. Und nach wenigen Minuten ist die Piazza leergefegt von den Menschen, die hier nach der Messe wärmende Sonne gefunden hatten.

Die Piazza an einem kühlen Sonntagmittag im späten Winter. Und ich sehe sie vor mir, die Promenierenden im Sommer, die nur eins im Sinn haben: Sehen und Gesehenwerden auf der abendlichen *passegiata*. »Bella figura« auf der Piazza…

Bella figura

Da saßen Fremde und Einheimische an der von zahllosen Geschichten und Schicksalen gezeichneten Mauer des Ridente. Sie blickten neugierig auf den Platz, den Neuankömmlingen entgegen. Aber es gibt sie nicht mehr: die *mulattieri* mit ihren Maultieren, die das Gepäck der Gäste heran-, hinüber- und hinaufschaffen sollten. Was für ein Vergnügen war es, einfach zu sitzen und zu schauen, wer denn neu ankam, mit noch bleichem Gesicht und müden Schritten!

Es gibt auch nicht mehr – außer vielleicht im Ferienmonat »Ferragosto« – die Auftritte all jener Exzentriker und Schauspieler, die nur eines wollten: ihre »bella figura« auf der Piazza. Da war, während vieler Jahre, eine Frau, eine wahrhaft spektakuläre Erscheinung. Nach ihrem Abendessen an dem stets selben, stets reservierten Tisch im Ristorante Conchiglia betrat sie fast immer zur gleichen Stunde und mit großer Geste die Piazza. In wallenden Gewändern, mit breiten, oft skurril anmutenden Hüten, mit fantasievollem Schutz um die Schultern vor der beginnenden Kühle. Und mit der ausladenden Geste des Rauchens von Zigaretten im silbernen Mundstück. So betrat sie die abendliche Bühne. So schritt sie, begleitet von einem kleinen, unentwegt zitternden Hund, über die Piazza. Schweigend, manchmal auch mit Freunden im Gespräch. In dieser Stunde des großen Auftritts.

Solche Gäste fand man nur im Conchiglia, dem ältesten Haus von Sant'Angelo, in dem die Besitzerin Agnesina ein halbes Jahrhundert als wohlhabende Jungfrau residierte, bis sie nach kurzem Eheglück Witwe wurde. Die damenhafte Atmosphäre, die sie verbreitete, zog besondere, exquisite Fremde an, die ihr über viele Jahre die Treue hielten. Individualisten, die täglich geduldig auf die zur Essenszeit nie fertigen Gerichte warteten. Die auch sonst im Hause manchmal »mehr als nur ein Auge zudrücken mußten« – wie Dolly mir einmal schmunzelnd erzählte.

Auch andere Gäste erregten meine Aufmerksamkeit. So ging ein altes, offenkundig französisches Paar allabendlich zur selben Stunde über die Piazza. Beide von kleiner Gestalt, eher schlank, stets sorgsam und elegant gekleidet. Sie überquerten die Piazza hinüber zum immer selben Ziel: dem Ristorante Da Bina über den Felsen am Hafen gelegen, das es dort heute nicht mehr gibt.

Die Leidenschaft des Mannes in seinem gelben, über die Schultern gelegten Pullover, sich neueste Informationen aus der kurz zuvor gekauften Zeitung zu erlesen, schien unbegrenzt. Ihm zur Seite seine zierliche Frau in lichtem Graublau und Altrosa, mit einem langen Seidenschal um den Hals geschlungen. Und die Frau redete unablässig.

Kaum etwas vermochte sie zu unterbrechen. Nicht die unersättliche Lesewut ihres Mannes. Auch nicht die mit großem Ernst und Genuß von ihm verspeiste Pasta in dem Restaurant dicht am Meer. Es sei denn, sie war erfolgreich beim Entdecken von irregeleiteten Spaghetti auf seiner Krawatte. Wie offensichtlich zufrieden war dann das Paar: im Streit, im Gespräch – bis zum nächsten, längeren Schweigen.

Erinnerungen an eine vergangene Zeit. Aber da sind an Sommerabenden noch immer die Männer des Dorfes mit den weitgeöffneten Hemden, mit breitglänzenden, goldenen Ketten geschmückt, mit malerischen Pullovern lässig über die Schultern geworfen, die langsam die Piazza überqueren. Jede ihrer Bewegungen, jeder ihrer Schritte, das unvermittelte Stehenbleiben, das Grüßen nach vielen Richtungen, das plötzliche Ergreifen von Händen – all dies geschieht in einer seltsamen Mischung aus Sehnsucht nach Nähe und Gleichgültigkeit. Dann diese weiten, traumverlorenen Blicke über das Meer. Nach Westen, nach Osten, zum Torre hoch.

Noch immer sind auch die Fischer da, inzwischen Taxibootfahrer, die mit ausgeglühten Gesichtern und müde vom langen Tag auf dem Meer die Piazza überqueren, auf dem Heimweg zu ihren Häusern. Und auch Aniello, der barfüßige Fischer, und Ciruzz', der Mann aus den Weinbergen.

Erneut auf den Felsen vor Il Girasole

Vor acht Tagen habe ich hier im tobenden Wind gestanden. Eingehüllt von der Gischt der Wellen, die gegen die vorgelagerten Felsbrocken um das Girasole wüteten. Heute herrscht eine Mischung aus spätem Winter und beginnendem Frühling vor.

Das Land strahlt Ruhe aus. Ein alter Mann liegt dicht an den rauchenden Felsen der Fumarole auf einer Decke, geschützt von seiner Jacke, neben sich seine Schuhe und ein an vielen Stellen geflickter Rucksack. Die Wollmütze hat er über den Kopf gezogen. Er schläft offenbar tief. Die Rauchschwaden der Fumarole streichen über seinen Körper.

Am anderen Ende der kleinen Bucht lagern die Mitglieder einer neapolitanischen Familie, bestehend aus drei oder vier Generationen. Alle haben schwarzes Haar und eine braunviolette Haut. Sie haben sich um einen provisorisch aufgestellten Tisch ausgebreitet, sitzen auf Decken und speisen. Nein: Sie tafeln königlich. Zwischen Felsbrüchen und steilen Hängen mit den ersten Blumen des Jahres.

Wenn ich an jene kalten, stürmischen Stunden zurückdenke, dann scheint mir, daß in diesen wenigen Tagen zwischen Winter und Frühling viel mehr Zeit vergangen ist. Eine für mich unvergeßliche Zeit mit Menschen, die, so mein Gefühl, wieder zu ihrem ursprünglichen Rhythmus zurückgefunden haben.

Ich erlebe einen friedvollen Nachmittag, mit einer sanften Sonne auf den Ginsterbüschen am Weg zur Cavascura. Bis mir in einer Wegkurve, völlig unerwartet, ein scharfes »Grüß Gott« entgegenschallt – vielleicht aufmunternd gemeint, für mich eher schockierend. Meine erste Begegnung mit Touristen seit meiner Ankunft, inmitten ursprünglicher Einsamkeit. Dabei glaube ich, jenes ruhig klingende »buona sera« eines kleinen Mannes inmitten von Weinbergen und Obstplantagen über der Cavascura vor ein paar Tagen zu hören.

Sonst bleibt man ein Fremder

Gespräche und gemeinsames Erleben mit Dolly Barricelli hatte ich in der vergangenen Woche gesucht. Mit Dolly, die am späten Nachmittag noch immer ihre Patiencen legt und manchmal auf den Torre blickt – besonders im Frühling, wenn der Ginster zu leuchten beginnt. Es war eine bewegende, oft emotional aufwühlende Reise. Und am letzten Tag, wie stets begrüßt mit vollen Gläsern des vertrauten Ramazotti und gewärmt von einem Heizkörper, war Dollys Lebensbilanz unser Thema: Fragen nach Fremdheit und Nähe, Einstellungen zu Leben und Arbeit, zum Glück, zu Alter und Neuanfang.

Dollys Lebensphilosophie

Das wars: zwei Seiten meiner Seele, die miteinander in Frieden lebten – so begann Dolly unser letztes Gespräch, noch vor meiner ersten Frage. Seltsam hilflos fühlte ich mich in dem Augenblick. Was konnte ich danach noch wissen wollen über diese Frau? Und dennoch habe ich Dolly an keinem anderen Tag zuvor so viele Fragen gestellt.

»Was bedeutet es Dir, daß gerade solche Menschen, solche Künstler kamen?«

Weil wir dieselbe Wellenlänge haben. Das ist wunderbar für mich. Das ist wie Balsam auf meine Seele. Weil sie dieselbe Einstellung zum Leben und zur Vergänglichkeit, zu allem haben wie ich. Und daß alles gar nicht wichtig ist. Vor allen Dingen unbürgerlich – total unbürgerlich. Das ist die Voraussetzung.

Unbürgerlich ist, daß man das tut, was man tun möchte, seinen eigenen Weg geht, falls es möglich ist. Gleich, was die Mitmenschen, die Nachbarn, die Familie und alle sagen und kritisieren oder mit dem Finger auf dich zeigen. Dich ablehnen, weil du nicht konform bist. Weil du einfach nicht in ihr Schema paßt.

»Solch ein Leben ist doch hier gar nicht möglich«, hielt ich ihr entgegen.

Doch: Ich lebe ja auch so. Ich lebe doch unbürgerlich – bei aller sozialen Kontrolle. Sowie ich mit Einheimischen zusammen bin, weiß ich ganz genau, wie ich mich verhalten muß. Ich kann die Einheimischen nicht kritisieren. Die würden sagen: ‚Die ist verrückt.' Nein, da bin ich so, wie es sein muß. Ich habe mich total »neutral« benommen. Das geht automatisch. Auch, wenn ich rübergehe zu Garibaldi: Da bin ich eine Einheimische. Genauso. Auch wenn ich da zum Essen eingeladen bin. Weihnachten zum Beispiel laden sie mich immer ein. Dann muß ich bei ihnen das große Essen mitmachen. Das ist immer sehr lieb. Und so sind wir dann auch zwanzig Personen von der Insel.

»Du mußt ein feines Gespür haben, sonst hättest Du solch einen grundlegenden Wechsel gegenüber dem Leben in Münchens Künstlerviertel Schwabing nicht vollziehen können.«

Ja, das habe ich. Sonst hätte auch die Ehe nicht gehalten. D.h. nicht, daß ich mich persönlich aufgegeben habe, nur in den hier bestehenden Grenzen angepaßt. Sonst bleibt man ein Fremder im fremden Land. Ich suchte Geborgenheit, und die habe ich gefunden.

»Hattest Du denn kein Bedürfnis, andere Menschen zu treffen? Hast Du den Lebensstil in München nicht vermißt?«

Nein, gar nicht. Dank meiner besonderen Gäste hatte ich, neben aller Arbeit in der Saison, so viele anregende Gespräche und geistigen Austausch. Und der Winter war ausgefüllt mit Handwerken aller Art, mit Rahmenmachen und dem Malen von Bildern, woran auch Tonino teilnahm. Aber es blieb auch Zeit, in der Wintersonne Patiencen zu legen. Die Sehnsucht nach Bayern, München, den Bergen und Seen wurde durch die alljährliche, gemeinsame Weihnachtsreise gestillt.

Dollys Lebenswerk

Mein Lebenswerk? Es ist so wenig. Meine Zeit ist abgelaufen. Ich habe zu spät angefangen. Aber ich habe in meinem ganzen Leben vorher, auch in München, aufgetankt. Als ich dann hierher kam, war ich wie ein Luftballon. Voll mit allem. Das habe ich mit hierher gebracht. Und die Gäste aus München haben den »Luftballon« immer wieder gefüllt.

Es war ein Austausch. Ich hätte doppelt so viel Zeit haben müssen. Ich hätte zwanzig Jahre früher hier sein müssen. Ich hätte so viel Freude daran gehabt, noch zwanzig Bilder mehr zu malen und zu schreiben. Im Winter habe ich immer gerne Bilder gemalt. Etliche Bilder hier sind von mir, zu meiner Freude.

Ich selbst bin überhaupt nichts. Ich gebe mich anheim. Das, was kommt, kommt. Warum muß ich das wissen? Bin ich besorgt um mich, was nachher ist? Ich versuche, das Beste hier zu tun. Warum eigentlich soll ich besorgt um mich sein? Ich fühle mich tief geborgen. Das kann man nicht ausdrücken. Das hat auch mit Kirche nichts zu tun. Ich fühle mich tief geborgen und wunderbar geleitet und in wunderbarer Hand im Kosmos. Bin glücklich darüber und selig. Und so werde ich auch sterben. Was dann ist…

Es wird schon irgend etwas sein. Oder auch nichts. Irgend etwas führt mich und hat mich immer geführt. Ich habe mich immer in tiefem Vertrauen führen lassen. Instinktiv. Und es ist daraus geworden, was daraus geworden ist.

Diese weit verbreitete Überbewertung von einem selbst – das ist etwas, was mir persönlich überhaupt nicht liegt. Es gibt ein schönes Wort: Demut. Das Wort »Demut« bedeutet für mich die allgegenwärtige Kleinheit vor dem Gewaltigen, dem Kosmos, vor Gott. Das ist mir immer allgegenwärtig. Und daraus handelt man. Oder sollte man handeln. Vor allen Dingen den Mitmenschen gegenüber.

Und ganz leise sagte Dolly noch einmal: *Ich suchte Geborgenheit bei einem anderen Menschen. Und die habe ich hier gefunden.*

Leben und Glück

»Wenn Du über Dein Leben nachdenkst: Was ist eigentlich für Dich Glück?«

Mir waren meine Grenzen gesetzt; mir waren meine Grenzen klar. Und ich habe sie akzeptiert. Sonst hätte ich gleich meinen Koffer nehmen sollen und wegfahren. Das ist heute noch so. Und das sage ich immer wieder allen jungen Frauen, die vom Ausland kommen und die hier nicht zurechtkommen: ‚Was habt ihr denn gedacht, wie es hier ist? Daß ihr hier so leben könnt wie da, wo ihr gewesen seit?' Das ist doch ganz klar, daß dies nicht möglich ist.

»War Dir das klar, als Du hier angekommen bist?«

Ja, durch meine Besuche. Die fünf Jahre, die ich vorher nur Gast war. Und auch schon in der Familie. Als ich bei der Tante wohnte, bei der Tante aß. Ich sah, wie das Familienleben war und wie es sein sollte, mußte. Nicht anders.

Ich habe nie gedacht: Kann ich oder nicht... Nein. Mit dem Kopf habe ich das nicht gedacht. Das ist mehr unbewußt geschehen. Aber ich blieb auf dem Gleis. Alle wesentlichen Entwick-

lungen in meinem Leben gingen nicht über den Kopf, sondern geschahen instinktiv.

»Hat es denn Zeiten gegeben, wo all dies gefährdet war?«

Nein. Sicher dadurch, weil ich geistigen Ausgleich hatte durch Gäste, Zeitungen und Bücher. Ich entbehrte nichts. Nur, daß mir gesagt worden war, daß mein Reich an der Haustür aufhörte. Heute bin ich frei als Witwe und gehe nicht, weil ich jetzt nicht mehr kann. Ich könnte ja vielleicht doch. Aber was soll ich denn? Wo soll ich denn hinrennen? Ich habe kein Bedürfnis. Ich bin ein absolut statischer Mensch. Ich könnte den ganzen Tag in einer Zelle leben und mich genauso freuen und nachdenken. Und bin ein genauso glücklicher Mensch, wenn ich morgen nach Forio und übermorgen nach Porto gehe. Aber was soll ich da?

»Gab es für Dich eine Trennung zwischen Leben und Arbeit?«

Ich war immer froh über jede Stunde oder die Siesta am Mittag, die streng eingehalten wurde von eins oder halb zwei bis vier Uhr. Da konnte ich, wenn ich nicht schlief oder mir die Augen nicht zufielen, lesen und still sein und neben meinem Mann liegen, der Siesta hielt. Dann bin ich aufgestanden und in die Küche gegangen. Ganz selbstverständlich. Es war ja mein Betrieb. Hatte ich ja kreiert. Das war ja mein Kind. Also mußte ich dieses Kind versorgen.

»Hast Du dieses Leben als hart empfunden?«

Nein, nie. Es heißt ja nicht, daß es ein hartes Leben ist, wenn man zu viel Arbeit hat. Das ist kein hartes Leben, wenn ich die Arbeit gern tue. Wenn ich sie liebe. Wenn ich stolz darauf bin, auf den Erfolg, den ich fast täglich hatte. Die Anerkennung, das Lob der Gäste. Und auch gleichzeitig merkte, wie im Dorf die Achtung wuchs. Und ich im Dorf immer mehr jemand wurde, daß ich immer mehr dazugehörte.

»Hattest Du das Gefühl, daß sich alles stetig weiterentwikkelte: die Pension, Dein Leben in der dörflichen Gemeinschaft?«

Ich war doch Spätanfängerin. Mit fünfzig war ich in der Hauptarbeit drin. Bis siebenundsiebzig. Es war gar kein Thema. Es hat sich immer etwas weiterbewegt. Jedes Jahr mit größerem Erfolg. Mit immer ganz besonderen Gästen. Es florierte, wie man sagt. Und es machte mich stolz. Sicher hat das mitgeholfen – psychologisch. Zumal ich mich immer an die Worte meines Vaters erinnerte, der zu meiner Mutter sagte: ‚Aus dem Kind wird nie was.' Das hat mein Vater immer zu meiner Mutter gesagt. Weil ich sowohl in der Schule als auch sonst dasaß und rummachte und andauernd träumte. In der Schule wurden meine Eltern zum Elterntag gerufen, und dann hat die Lehrerin gesagt: ‚Ja, Dolly ist sehr verspielt.' Ich saß da – es gab doch Griffelkästen – und baute andauernd etwas auf, war für mich kreativ. Und wenn ich aufgerufen wurde, hatte ich keine Ahnung, wovon überhaupt die Rede war.

Aber ich habe trotzdem das Abitur gemacht. Nachher hat es gefunkt bei mir im Kopf, als ich in der Oberstufe war. Da habe ich dann tüchtig gelernt. Da war auch viel zu lernen. Aber bis fünfzehn Jahren war ich sehr weit weg von der Welt. Darum sagte mein Vater, der ein großer Realist war, dann immer: ‚Aus dem Kind wird nie was.' Weil ich nicht fleißig dasaß. Weder pünktlich noch sonstwas – einfach eine Träumerin.

Aber das täuscht. Wie gesagt, ich bin zweigeteilt: Ich bin Träumerin und Realistin.

Jugend – Alter – Neuanfang

Wir waren am Ende einer langen, gemeinsamen Reise angelangt. Eine letzte Frage blieb mir: »Wenn Du Jugend und Alter gegenüberstellst, wie denkst Du heute darüber?«

Erstes Grundprinzip für meine Begriffe wäre: Wer sein Leben vollkommen umstellt, etwas völlig Neues anfängt, der muß die Tür ganz zugeschlagen haben vorher. Nichts hinüberziehen. Die Tür muß zu sein zum gewesenen Leben. Wenn ich, als ich hierherkam, immer gedacht hätte: Ach, wenn ich doch dahin könnte oder bei der jetzt sitzen oder ins Theater gehen könnte; ach, das gibt's hier alles nicht, so wie es hier ist… Dann wäre nichts gewesen. Wenn ich morgen in der Wüste anfangen würde, da muß die Tür vorher zu sein. Da kann ich nicht noch denken: Ach, wo habe ich denn noch eine Serviette oder dies und das. Oder die Bequemlichkeit. Nein. Die Tür muß zu sein, und der Kopf muß durch.

Eher zweifelnd war mein Einwand, daß es schwierig sei, eine Tür völlig zu schließen. Und ich dachte dabei an mein eigenes Leben, an den Widerstand in mir, jemals eine Tür ganz hinter mir zuzuschlagen.

Mir war klar: Es kann das Neue nicht gelingen, wenn ich das Alte hinterherschleife wie ein Zentnergewicht. Das kann man innerlich nicht schaffen. Ich habe mich doch an einen Menschen von hier gebunden. Ich kann doch nicht immer noch ein anderes Leben in meinem Hinterkopf haben, dem ich nachhinke. Ich habe alles auf eine Karte gesetzt, habe mir gesagt: Wenn mich jemand aufsuchen will, der wird mich schon finden. Statt den alten Freunden nachzuweinen, sie zu vermissen. Oder eben München, Schwabing und alles. Und siehe da: Sie sind alle zu mir gekommen!

Dollys Antworten überraschten mich immer wieder. Sie waren so frei von Umschweifen und Zweifeln. Daher waren meine Reaktionen manchmal auch voller Skepsis. So vieles war für mich kaum nachvollziehbar. Es drängte mich zu weiteren Fragen… Doch abrupt endete das Gespräch mit einem Ramazzotti. Danach hat es mich hinausgetrieben. Irritiert war ich – und zugleich beglückt von so viel Klarheit und Mut zum Leben.

Ich suchte den frischen Wind der Insel.

Die Helden sind müde

Ein letztes Mal vor meiner Abreise treffe ich »meine« Kartenspieler. Sie sitzen in weitem, ungeordneten Rund: die Arbeiter der Müllabfuhr und der großen Bäder, die Besitzer der Pensionen und Restaurants und die Fischer. An einem Abend des Abschieds von spätwinterlichen Tagen, voller Wind und fliegender Wolken. An einem Abend seltsamer Ruhe in der Bar del Ponte.

Nur das Aufschlagen der Karten ist zu hören, begleitet von aufmerksamen Blicken und Händen, die dann wieder schwer auf den Tischen liegen. Ernst und schweigsam sind die Männer. Ernst verläuft auch das Gespräch zwischen dem Wirt und Ciruzz'. In hartem, für mich nicht verständlichem Dialekt sprechen sie miteinander. Jeder in eine andere Richtung blickend, und dennoch nah beisammen. Der Klang, die Musik ihrer rauchig-dunklen Stimmen verrät es mir.

Mit einem freundlichen Gruß kommt die Tochter des Wirts an meinen Tisch und serviert mir eine Pizza gratis. Mit fragenden Blicken verfolgen die Fischer die Szene. Ein Mann tritt an meinen Tisch. In fast akzentfreiem Deutsch fragt er mich: »Was schreiben Sie da – Gedichte?« »Nein«, antworte ich, »es ist ein Buch über Sant'Angelo.« Er lächelt. Mir ist nicht klar, ob erfreut oder verständnislos. Er geht zu den Kartenspielern zurück. Derweil knallen die Karten auf Tische ohne Gläser.

Der jähe Aufbruch scheint unmittelbar bevorzustehen. Ich fühle es. Vibrierende Unruhe breitet sich aus, doch anders als vor einigen Tagen. Damals war es ein Aufbruch aus pulsierendem Leben, das sich hinaus auf die dunklen Straßen und Plätze ergoß. Heute scheint die Kühle der frühen Nacht die Männer zu ergreifen und hinauszuziehen, zurück in ihre Häuser.

Endlich widerfährt Ciruzz' einmal Wärme, gar Zuwendung. Der Wirt mit dem schwarzgelockten Haar greift tief in eine Schale. Seine Hände quellen über von knallbunten Bonbons.

Und dem nach meinem Eindruck so oft Übersehenen widerfährt »Süßes«. Seine Hände ergreifen in rührender Dankbarkeit das Geschenk. Mit einem Lächeln, das ich so niemals zuvor in seinem Gesicht wahrnehmen konnte, eilt er vor den anderen auf die Straße hinaus, in die Nacht. Ganz so, als ob er fürchtete, man könnte ihm diesen kleinen, süßen Schatz noch entreißen.

Ein Abend des Abschieds – auch von der kleinen, geliebten Piazza. Auf dem Weg dorthin bleibe ich beim Eselsplatz stehen, lehne an einer Wand am Eingang zum Dorf. Mattes Licht erhellt die schmale Zufahrt. Das Meer donnert gegen die Felsbarrieren im Westen. Eine einzelne Fußgängerin stakst an mir vorbei. Sie versucht sich in Schuhen, deren hohe Absätze der kleinen Frau offensichtlich Mühe bereiten.

Dann am Ridente, vor mir der Platz in seiner steinernen Kälte. In einem einzigen Haus, der Tavernetta, ist ein Fenster erleuchtet. Sonst herrscht tiefe Dunkelheit. Ich blicke auf zwei Laternen. Auf die zusammengeschnittenen Stümpfe der im vergangenen Jahr noch hellgrünen, schattenspendenden Tamarisken entlang der Mauer, neben der Apotheke.

Keine Menschen, keine streunenden Hunde oder Katzen. Nur der matte Schein der Laternen. Das Meer.

Ach, wären an diesem letzten Abend doch Menschen hier! Ciruzzë, der sich sonst immer zwischen den Häusern herumtreibt; oder Aniello, der Fischer. Aber ich begegne niemandem zu dieser späten Stunde. Finde nur dunkle Häuser mit leeren Fensterhöhlen, die flüchtig durch Plastikhüllen geschützt sind. Und den Wind und das Meer.

Tage im Herbst

Das andere Licht

26. September

Wieder bin ich angekommen. Wenige Monate nach meinen Gesprächen mit Dolly. Im Herbst, in den Wochen zwischen Sommer und Winter. Die Insel, noch immer voller Menschen, wirkt müde. Eingehüllt in eine weiche, warme Luft, scheint sie sich langsam zur Ruhe legen zu wollen. Erschöpft von den langen, heißen Sommermonaten, den Tagen, den Nächten.

Ich sitze auf der Piazza unter Tamarisken, die im letzten Winter zusammengeschnitten worden waren. Nun sind sie wieder buschig und schattenspendend. Ich betrachte die Gäste von Sant'Angelo. Vieles kommt mir verändert vor seit meinem letzten Besuch im Frühling. Mehr älteren, auch alten Menschen begegne ich, aber auch jungen.

Ich suche den Unterschied zu den Tagen im Frühling. Und ich fühle ihn. In jedem Augenblick. Schon heute morgen, als ich aufstand und zu den Terrassen und Bädern meiner Pension ging. Dies andere Licht ist es, diese andere Luft. Auch die Bewohner des Dorfes erlebe ich verschieden. Vielleicht hat sie der Touristensommer geprägt und verändert – bis sie während der Wintermonate wieder zu sich selbst finden an den langen, dunklen Abenden.

An der Mauer des Ridente, am Tisch nebenan, bietet Ciruzzë mit würdevoller Freundlichkeit einem Behinderten einen Stuhl an. Einem Mann mit bewegter Vergangenheit. Maler und Lebenskünstler. Mit dem Auftreten eines Aristokraten. Mit markantem Kopf, mit eindrucksvoller, kräftiger Stimme. Und einem Stock mit silbernem Knauf. Welche Intimität der Szene, gleichzeitig welche Öffentlichkeit, die ich zwischen den beiden Männern erlebe. Sie sprechen miteinander, sie schauen sich an, sie scheinen einander aufmerksam zuzuhören. Das Gesicht von Ciruzzë bekommt für Augenblicke eine schöne Ausstrahlung.

Der Abend ist voller Wind. Er kommt von Süden. Er ist warm. Er vermittelt Geborgenheit – ein Gefühl, das zunimmt bei der Dunkelheit, die sich über die Insel zu legen beginnt. Ein Gefühl, das die Menschen zu einem veränderten, ruhigeren Leben zurückkehren läßt.

Sant'Angelo am Abend: Wie mögen die Fremden, die eine Insel des Lichts und der Sonne gesucht haben, die Einheimischen, die hier seit Generationen leben, diese dunklere Jahreszeit empfinden? Vermögen sie mit geschlossenen Augen das Licht der Monate zuvor noch immer zu sehen, es in sich zu fühlen?

Sant'Angelo am Abend: Es sind die vertrauten Gesichter, in die ich blicke. Carlo von der Tavernetta gegenüber, mit der schwarzen Piratenmütze und in weißem Hemd, eilt zwischen den Tischen umher, obwohl es kaum mehr Gäste gibt. Die wenigen Besucher genießen die Ruhe. Der Wind kommt von Süden, umfängt mit seiner Wärme.

Als ich wieder anfing zu schreiben, hatte ich Zweifel, ob ich offen wäre für diese Zeit. Doch inzwischen hat mich eine Fülle von neuen Eindrücken berührt. Dabei spüre ich, der Herbst ist anders. Er ist sanft und wild zugleich, voller Schärfe und Weichheit, voller Gegenwart und Abschied. Auch das Schreiben über den Herbst bedeutet anderes: Es läßt keine halben Gedanken zu, keine halben Gefühle.

Wiedersehen mit Dolly

27. September

In der vergangenen Nacht zogen schwere Gewitter über die Insel. Es tobte und stürmte. Immer wieder von neuem kamen sie über das Meer. Entfernten sich, um jäh zurückzukehren. Ein Schauspiel, dessen Unmittelbarkeit, dessen plötzliche Stille, dessen erneutes Losbrechen mich fesselten.

Am Morgen bei Dolly. Noch ehe sie mir die Chance gibt, mich nach ihrem Befinden zu erkundigen, will sie wissen, wie es mir geht. Wie stets um diese Zeit, liegt sie noch auf ihrem Bett: ruhend, lesend, den Tag und die Gäste erwartend. Ihr Gesicht ist von großer Schönheit, der ihr hohes Alter nichts anzuhaben scheint. Sie erkundigt sich nach meinen Fortschritten beim Schreiben des Buches »Der Ginsterberg«: bei der Niederschrift unserer Gespräche im letzten Winter und weiteren Texten, von denen ich ihr in Briefen berichtet hatte. Wir sprechen über offene Fragen, die mir noch immer geblieben sind. Und ich habe den Eindruck, wir könnten uns auf eine neue, gemeinsame Reise begeben.

Den Nachmittag verbringe ich in der Glasveranda der Casa Garibaldi. Italienische Gäste an den anderen Tischen erfüllen den Raum mit Leben. Italienisches Sprechen und Singen. Ich betrachte die Bilder an den Wänden um den offenen Kamin und über der Bar. Erinnerungsfotos von Reisen der Familie. Und eine Bilderserie, die das Sant'Angelo dieser Tage jenem alten Fischerdorf vor einem halben Jahrhundert gegenüberstellt.

Eine interessante Entdeckung für mich ist das Buch »Sant'Angelo d'Ischia«[14], das für Gäste ausliegt. Die Amici di Sant'Angelo haben es mit viel Liebe und Geschmack zusammengestellt. Darin wird aus der Geschichte des Ortes erzählt, verbunden mit Impressionen, historischen Fotos und Bildern von Malern, die hier lebten.

Ein Tag ganz in Grau. Ich fühle mich müde und träge. Beginn einer tiefen Entspannung? Schon so oft suchte ich dieses Gefühl, habe es aber nur selten wirklich erlebt. Allzu oft war Unruhe in mir; Spannung, etwas zu tun, etwas zu erreichen. Und wie ist es nun?

Viele Stunden fegt ein heftiger Schirokko über Berghänge und Meer, noch voller Regen. Einheimische erklären, sie seien glücklich – immer nur diese Sonne... Könnte ich es besser verstehen, wenn ich hier lebte?

Beim gedankenverlorenen Aufsteigen nach Serrara überrascht mich schnell hereinbrechende Dämmerung. Schwarze, bedrohliche Wolken über dem Meer. Blitze über Schiffen, welche die Weite nach Westen, in die Nacht hinein suchen. Rosafarbene Wolkenfetzen am Himmel, eine Ahnung von der untergegangenen Sonne, die den ganzen Tag über nicht wirklich geleuchtet hatte.

Am Abend bin ich bei Emanuela, einem ursprünglich gebliebenen Lokal, direkt an der Fumarole gelegen. Die Besitzerin und ihre beiden Söhne Philippo und Sergio verwöhnen die Gäste mit den Köstlichkeiten des Meeres. Für mich immer wieder berührend ihr strahlendes Lächeln bei der Begrüßung, ihre ausdrucksvollen, türkisfarbenen Augen. Nach den Gewittern der vergangenen Nacht ist die See noch immer aufgewühlt. Gischt dringt bis zu den Tischen. Nebelschleier streifen die Berghänge um Serrara. Ein Abend voller Dunkelheit und Meer und schmackhaft zubereitetem Fisch.

Das Fest von San Michele

29. September

Zwei Tage lang ist dies ein großes Ereignis: das Fest von San Michele. Sant'Angelo quillt über von Besuchern. Plötzlich sind sie wieder da, nach der Leere und Stille der Tage zuvor. Auch das Licht ist zurückgekehrt. Und die Feierlichkeiten, die Messen wollen kein Ende nehmen. Zwei weitere Priester werden gebraucht. Chöre mit kräftigen Kinderstimmen. Und Blumen im Überfluß.

Sant'Angelo feiert mit Feuerwerkskörpern und einem Markt mit fliegenden Händlern. Es singt und betet. Es umgibt sich mit einem Meer brennender Fackeln auf den Steinbarrieren vor dem Hafen und nach Westen.

Begonnen hatten diese festlichen Tage gestern zu früher Stunde. Junge Burschen hatten Raketen vor dem Torre in die Luft geschossen. In die Morgenstille hinein. Doch rasch waren ihre Rauchwolken am lichtblauen Himmel verblaßt.

Um die Mittagszeit schmetternde Ankunft der Blaskapelle aus Panza. Nach ihrem Zug durchs Dorf gab sie auf der Piazza zur Begrüßung ein Konzert. Operettenmusik von Franz von Suppé und Walzer von Johann Strauß. Dankbarer Beifall von allen Seiten.

Am Abend nahm ich an einer Prozession durch das Dorf teil. Zunächst schlängelte sie sich hinauf in die Berge, bis zu den letzten Anwesen. Und wieder hinab zum Meer. Andachten vor blumen- und tüchergeschmückten Häusern. Stets begleitet von frommen Gesängen und Gebeten, von Böllerschüssen, die zwischen Berg und Meer dröhnend widerhallten. Da gingen sie: der Dorfbürgermeister, der Dorfpolizist, der Badearzt und all die anderen Honoratioren. Und der Fahnenträger, gebeugt unter der Last des Zeichens von Glauben und Tradition.

Franco von der Casa Garibaldi und weitere drei Männer trugen schwer am Heiligen Michael. Sie blickten sehr konzentriert. Schweiß stand auf ihrer Stirn. Immer neue Gebete und Gesänge auf dem Weg zu den Stationen der Prozession, stets begleitet von der Urgewalt der Böllerschüsse. Und der Erzengel mit dem goldtürkis-schimmernden Helm schwankte gefährlich in den engen Gassen.

Gegen zweiundzwanzig Uhr neapolitanische Lieder auf der Piazza. Miserable Akkustik der Lautsprecher. Dennoch jubelten Einheimische und Gäste. Rasch leerte sich der Platz nach Konzertende, kein langsames Ausklingen des Abends zulassend.

Nach einer neuerlichen, kleinen Prozession durchs Dorf findet San Michele heute für einige Stunden seine wohlverdiente Ruhe. Denn zur Verehrung durch das »Volk von Sant'Angelo und der Insel« wird er am Rande der Piazza aufgestellt. Vor dem Eingang zu einer Boutique wird ein Thron für ihn geschaffen, umhüllt von Tüchern aus schwerer Seide, in dunkelschimmerndem Rot und Gold.

Bei Sonnenuntergang tragen ihn die Männer auf einem einfachen Holzgestell in turbulenter Szene auf das schönste Schiff. Inmitten des ohrenbetäubenden Lärms der Raketen und der Blaskapelle steht er in all der blumengeschmückten Herrlichkeit und gleitet aufs Meer hinaus. Schwarzgraue Wolken drohen, wo gestern der Abendhimmel für Augenblicke in reinstem Purpur aufgeflammt war.

Von dem kleinen Hafen geht es zunächst nach Westen. Die Besitzer von Bädern, Pensionen und Hotels über den steilen Hängen versuchen sich der Ehre der nahenden Schiffsarmada würdig zu erweisen: Es kracht, es zischt, es verströmt sich über die Berge in gleißendem Feuerzauber. Die zunehmende Dunkelheit hüllt ein, läßt um so mehr aufleuchten zu Ehren des

Helden, der seinen Degen triumphierend in den nächtlichen Himmel streckt.

Die Schiffe vollziehen an den Felsen von Punta di Chiarito eine kühne Wende nach Osten, vorbei am Torre weiter zum Ende des Maronti-Strandes und wieder zurück zum Hafen. Von der Dachterrasse meiner Pension verfolge ich die Meeresprozession. Ich bin allein, fühle mich vollkommen eingebunden in das Geschehen tief unter mir. Zugleich frage ich mich: Wie stark bestimmt eine traditionsbedingte Frömmigkeit noch immer das Leben dieser Menschen?

Später sitze ich am Ridente. Der Verehrte der Tage, der Erzengel Michael, ist wieder sicher gelandet. Eine festliche Messe auf der Piazza, mit Chören und feierlichen Ansprachen, ergreift offensichtlich alle Beteiligten. Begleitet von Fackeln dann schließlich Sankt Michaels letzte, kurze Prozession nach oben, zurück in seine Kirche.

Nach einer längeren Pause klassische Musik einer Blaskapelle aus Forio in großer Besetzung. Gespielt werden Ouvertüren und Arien aus Verdi-Opern: »La Traviata«, »Rigoletto«, »Aida«. Und dann Ausschnitte aus »Lucia di Lammermoor« von Gaetano Donizetti. Statt der Stimme der göttlichen Callas, die in der Rolle der Lucia weltberühmt wurde, höre ich den Klang eines Trompeters in schwarzem Anzug. Er bläst vorzüglich. Einfühlsam wird er von einem jungen, eleganten Dirigenten begleitet. Ein Mann neben mir meint: »Maurice André«. Und ich denke an Maria Callas.

Die kühnblasenden Musikanten spielen Melodien aus giuseppe Verdig Oper »Rigoletto«. Können Deutsche so musizieren? Vielleicht, wenn es um Carl Maria von Webers Oper »Der Freischütz« geht oder um Musik von Richard Wagner.

Ein weiteres Stück von Verdi wird herausgeschmettert. Und dann plötzlich der Radetzky-Marsch. Alle klatschen im Rhythmus. Fast so wie im goldenen Konzertsaal des »Wiener Musikvereins« zum Neujahrsfest in der Donaustadt. Und dennoch anders. Nicht nur der Wind und die südliche Nacht sind es, es ist die spontane Begeisterung der Menschen.

Die Nationalhymne erklingt. Alle erheben sich, viele singen hingebungsvoll mit. Augenblicke dannach lachen die Festbesucher wieder, kaufen Erdnüsse und geröstete Kastanien in Tüten aus zusammengefaltetem Zeitungspapier. Sie essen und trinken. Weinende Kinder wollen getröstet werden. In neapolitanische Gesichter blicke ich, in dunkle Augen. Mit einer Hautfarbe, die jener von Oliven gleicht. Und mit schwarz gelockten Haaren, in dicke Strähnen gelegt. In Gesichter, deren Züge oft griechisch anmuten.

Die Konzertpause ist zu Ende, Musik von Rossini erklingt. Ich höre ein hohes C des brillant blasenden Trompeters. Schiffe, die ihr Auslaufen ankündigen. Frauen, die Männern mit ausdruckslosen Gesichtern endlose Geschichten erzählen. Dazwischen Böllerschüsse, die auf das abschließende Feuerwerk vorbereiten. Ein kleines Kind, wohl übermüdet, weint bitterlich. Es wird liebevoll und rührend hilflos von seinen sehr jungen Eltern getröstet.

Ein stetiger Wind – nach Tagen des Schirokko nun der Mistral aus Nordwest.

Erneut Melodien von Verdi. Dann Jazzmusik à la »Stars and Stripes«. Um Mitternacht schließlich das Feuerwerk. Überwältigend vor der Bergkulisse. Raketengarben zersprühen, unentwegt sich steigernd. In immer neuen Farbkombinationen. Immer stärker, höher, kühner. Fahles weißes Licht, dann blau und grün und rot, in Schluchten eintauchend. Ausgreifend in den nächtlichen Himmel, aufs Meer hinaus. Letzte Donnerschläge – und dann Stille.

Kaum ist das Feuerwerk verloschen, steht der Torre durch herabfallende Raketenreste in Flammen, die rasch um sich greifen, glühend in den Nachthimmel hineinlodern. Gäste und Einheimische starren mit ratlosen Gesichtern nach oben.

Die Kapelle hat wieder eingesetzt. Nun spielt sie Schlager der letzten Jahre. Dann das unvermittelte Ende des festlichen Abends. So vollkommen südländisch erlebe ich es: den Beifall, die Begeisterung, die Leidenschaft, die jäh entflammen – ebenso schnell wieder erlöschen.

Eine amüsante Begebenheit am Rande. Don Vincenzo, der Pfarrer, hilft beim Einpacken der Instrumente und beim Abtransport des Harmoniums. Dann geht er zu einer Gruppe junger Menschen, sein Mikrofon von der abendlichen Prozession noch immer in der Hand. Er spricht zum Spaß in das vermeintlich eingeschaltete Gerät. Er freut sich geradezu königlich über den zunächst von ihm ausgelösten Schrecken – und das anschließende Erstaunen seiner jungen »Schäfchen«. So gar nicht pastoral, verabschiedet er sich mit breitem, verschmitzten Lachen. Leichtfüßig rasch verläßt er die nächtliche Piazza. Don Vincenzo macht alles Priesterliche vergessen, in der letzten Stunde des Festes zu Ehren des Erzengels Michael.

Tag der Stille

30. September

Meine erste Massage bei Franco, den ich seit langem kenne. Während früherer Besuche von Sant'Angelo begegneten wir uns immer wieder am Olympiabecken der alten Apollon-Therme. Beim Verlassen der Räume gehe ich wie auf Wolken. Sanfte Winde. Dann völlige Stille. Eine Luft wie Samt und Seide.

Lange bleibe ich am Maronti-Strand. Die Sonne ist mild. Nur manchmal noch zeigt sie ihre verbliebene Kraft. Am

Nachmittag besuche ich eine alte Freundin, die hier seit vielen Jahren in einer der großen Hotelanlagen Urlaub macht. Eine Frau am Abend ihres Lebens, noch voller Vitalität und mit reicher Erfahrung. Eine Frau mit einer Stimme, mit einem Lachen, die sich mir einprägen. Sie sitzt in einer der primitiven Bretterbuden. Wärme hat sie gesucht und Schneisen von Licht. Rings um sie wild herabhängende Blumen in Gelb und dunklem Rotviolett. Zerfurchte Hänge und heraufwehender Sand, immer erneut überströmt von der Gischt der Wellen, die an diesem Tag keine Ruhe finden.

Mit nahezu geschlossenen Augen blickt sie der tiefstehenden Sonne entgegen. Ihr müder Körper nimmt letzte Kräfte in sich auf. Sie blickt hinüber zum Torre, nach Sant'Angelo, dessen rosafarbene Häuser im späten Licht zu brennen scheinen. Wir sprechen über alte Zeiten. Wir schweigen miteinander. Ich verabschiede mich. Die Arme der Frau erheben sich leicht zum Gruß.

Ein Cappuccino bei Bel Mare am Ende des Maronti-Strandes. Dabei werden Erinnerungen an einen Oktobertag vor vielen Jahren wach, als ich die Frau aus einem Wirbel sich überschlagender Wellen herausholte, sie mich, sehr erleichtert, dafür in dieser Bar zu einem Campari einlud und eine wunderbare Freundschaft begann. Das Meer wird zunehmend silberblau. Fischerboote kreuzen das ruhig dahinströmende Wasser. Ich gehe über den braunvioletten Sand. Er leuchtet auf, als wolle er Abschied nehmen von dem langen Sommer, von so viel verbrannter Natur. Ich sehe kaum mehr Blumen auf der Insel, wo sie im Mai doch in unbeschreiblicher Farbenpracht blühten.

Nun wird alles sanft, bevor es ein letztes Mal aufglüht.

Noch immer finden sich Fremde im Dorf und auf Wanderungen über die Berge. Dennoch wirkt vieles schon verlassen und einsam. Der Weg von der Pension hinunter zur Piazza ist heute abend schon erfüllt von Dunkelheit. In mir erscheint das

Bild kommender Tage fast ohne Gäste, mit herbstlicher Luft. Voller Feuchtigkeit und Wind und einsetzender Kälte. Menschen, die dann schnell vorbeilaufen werden, um den nächsten schützenden Ort zu erreichen.

Stille Stunden an der Piazza. Ich fühle den Unterschied zwischen Frühling und Herbst: Weniger Licht erlebe ich, weniger Farben, weniger Spannung in der Natur, weniger Aufbruch – zunehmende Ruhe. Ein Sicheinrichten des Ortes auf das Ende eines Jahres, welches über Monate so sehr von Urlaubern bestimmt und geprägt worden ist. Die Insel, ihre Bewohner holen Atem, finden Zeit, wieder zu ihren Eigenheiten, zu dem ursprünglichen Rhythmus ihres Lebens zurückzukehren.

Ischia ist müde. Viele Menschen sind auf die Insel gekommen. Sie kamen mit Erwartungen und Hoffnungen, vielleicht auch mit Sehnsüchten. Sie haben gesucht, oft gefordert, die Insel in gewisser Weise auch »vergewaltigt«. Mit welchem Recht?

Ich sitze in der Ecke des Ridente und betrachte eine in die Wand eingelassene Bronzeplastik des Münchner Bildhauers Lothar Dietz, die er den Fischern des Dorfes gewidmet hat. Ich schreibe über die sich ausbreitende Stille. Und dicht hinter mir das wilde, erregte Geschrei der Kartenspieler.

Neben mir ein fremdes Paar. Der Mann ist um die achtzig, die Frau sehr viel jünger. Er, mit alten Händen und unnatürlich langen Fingernägeln, unentwegt zum Weinglas greifend, leicht betrunken. Sie zurückhaltend, in sich ruhend. Er redet, sie liest. Und sie schweigt, trotz aller intensiven Zuwendungen von seiner Seite. Ich versuche zu verstehen, was geschieht: Der Mann fühlt die Leere ihrer Beziehung, er scheint sich dagegen zu wehren. Sie läßt mit stoischer Ruhe alles über sich ergehen. Nur gelegentlich höre ich ihre Stimme. Und dann greift auch sie mit ihren schönen Händen zum Glas.

Ich bestelle einen weiteren Vino rosso. Und ich beginne zu träumen…

Ernst Bursche. Maultierführer und Carritiere, 1964, Kreidezeichnung

Die Ecke am Ridente

Hier haben sie alle gesessen: die Maler und Bildhauer, die Journalisten und Schriftsteller. Die Individualisten. Die Einsamen, die Scheuen, die nach Leben Hungernden. All jene, die Schutz suchten vor der See, vor der unbarmherzig herabbrennenden Sommersonne, vor den Menschen, vor dem Leben.

Eine Nische am Ende der ockerfarbenen Mauer des Hauses; eine Nische mit viel Geschichte. Geschichte der kleinen Piazza und des Dorfes. Und eben all der Menschen, die es irgendwann hierhergeweht, angeschwemmt hat – von den Küsten, übers Meer, durch die Stürme ihres Lebens. In dies einst »geistige Zentrum von Sant'Angelo«, wie Dolly Barricelli es einmal bezeichnete.

Hof haben sie gehalten, wie Lothar Dietz aus München, der Bildhauer mit der Baskenmütze auf der Piazza, mit dem Strohhut am Strand. Ein Künstler, ein »Menschenfänger« an den sonnendurchglühten Stränden. Auch traf man ihn häufig in der Ecke des Ridente, wenn Freunde die Tische und Stühle zusammenrückten, um mit ihm gemeinsam zu trinken, zu lachen, zu leben.

Maler und andere Künstler, die Hof hielten wie Fürsten. Wie der Maler Ernst Bursche, ein Mann von großer Menschlichkeit. Mit beeindruckender Geste lud er alle ein. Sein Gast sollte man sein an den Tischen vor jener Ecke. Und die Einheimischen liebten ihn.

In jenen Jahren saß auch ein anderer, einsamer, schwer zugänglicher Maler in diesem steinernen Winkel, mit einem Glas Rotwein und seinen Visionen vom nahen Torre. Werner Gilles, ein Maler des Unbewußten, der sich dem unvergleichlichen, mythischen Charakter der Insel zu nähern suchte wie kein anderer. Dessen Gelassenheit eine besondere Nähe zu den Fischern schuf.

Giovanni[15] war einer dieser Fischer. Ein Naturereignis mit unbändiger Kraft und einem Lachen, das für viele unvergeßlich geblieben ist. Ein großer Mann, der in einem Haus über dem Hafen gelebt hat, inmitten seiner vielen Kinder. Der noch immer ohne Motor – *senza motore* – mit seinem Boot zum Fischfang ausfuhr, gegen Mitternacht oder früh am Morgen. Der Fänger von letzten Wasserschildkröten und Aalen und Seeigeln. Der meisterliche Koch von Köstlichkeiten aus dem Meer, mit Tomaten und Knoblauch. Giovanni, der Freund so vieler Menschen, der Frauen und Künstler in Sant'Angelo.

Alle suchten sie die Magie dieser Ecke, dicht an der Wand. Mit weitem Blick über das Meer, bis zu den Küsten bei Capri. Die Maler und Bildhauer. Die Fischer und Maultierführer. Die vielen Gäste.

Nah bei den Kartenspielern, waren – und sind – allesamt Suchende. Auf der Suche nach Nähe und Wärme, vielleicht einem Gespräch.

Die Ecke am Ridente verkörpert Geschichte von Sant'Angelo. Es ist ein Ort voller Träume und Hoffnungen und Sehnsüchte. Voller Schweigen.

Auch für mich selbst, wie an diesem Abend. Viele Stunden saß ich schon in diesem steinernen Winkel. Zuweilen die Sonne, häufiger den Schatten suchend, die Ruhe. Hier saß ich in all den Jahren beim Cappuccino oder Wein. Manchmal vor Bergen von Ansichtskarten, oft vor meinem Notizblock. Gedankenverloren, in die Ferne blickend.

Inzwischen breitet sich nächtliche Kühle aus, Dunkelheit legt sich über den Platz. Da entdecke ich eine Frau, die vermutlich schon länger am Tisch nebenan gesessen hat. Bunte Tücher sind malerisch über ihre Schultern geschlungen. Sie scheint gleichermaßen sprechen und schweigen zu wollen. Und es wird ein Sprechen und Schweigen bis tief in die Nacht. Mit melodischer Stimme beginnt die Unbekannte zu erzählen. Sie spricht von ihrem Leben, von Glück und von Trauer, ohne daß ich sie dazu aufgefordert hätte.

Und dann spricht sie, hinein in das Dunkel des Platzes, in den Wind der Nacht, auch vom Tod. Denn schwer krank ist die Frau. Sie wird, wie sie erzählt, bald sterben.

Inmitten der düsteren Worte sitze ich in meiner Ecke. Ich beginne zu frieren. Nie zuvor habe ich hier so sehr das Verlangen nach Wärme, Schutz und Geborgenheit empfunden. Aber der Wind hat gedreht. Naßkalte Gischt fegt über die Piazza. Und der Himmel hängt schwarz über der ockerfarbenen Mauer des Ridente.

Gewittersturm

2. Oktober

Das Meer, der Himmel sind in raschem Wechsel rot und fahlgelb und weiß und blauviolett. Entfesseltes Spiel der Natur. Hagel und Ströme von Wasser ergießen sich über das ausgedörrte Land, über das Dorf, über Häuser und Wege. Für die Länge einer Blitzkaskade über dem Meer wirkt alles auf einmal künstlich und klein.

Der Sturm tobt. Er droht Gemäuer und Bäume im Garten der Casa Garibaldi zu zerstören. Im Nu verwandelt sich die via Madonella unter der hohen Terrassenmauer in einen reißenden Bach. Immer neue Anläufe nimmt die Naturgewalt, sie läßt nicht locker. Eigentlich müßte es ihr gelingen. Doch bald wird sich die Insel schütteln, als sei nichts geschehen.

Dabei hatte der Tag wenig dramatisch, eher erbärmlich begonnen. Eine seltsam schmeckende Pizza, mit sehr viel Wein und zu viel Grappa, lag mir in dieser verhängnisvollen Verbindung noch immer schwer im Magen. Doch der warme Sand am Maronti-Strand, ein zunehmender Wind von Süden vertrieben alle Übelkeit. Und es half ein köstlicher Salat im Bagno Muga, einer der Bretterbuden am Strand. Gerardo, der Besitzer, war nach meiner Bestellung in den nahen Garten geeilt, hatte Salate und Kräuter in einem Korb herbeigeholt, in der kleinen Küche ausgebreitet, zurechtgeschnitten und gewürzt. Sergio, sein Sohn, brachte freundlich lächelnd eine gefüllte Schüssel »Dei Maronti« an den Tisch. Und Musik aus den frühen siebziger Jahren – von der Woodstock-Legende Crosby, Stills, Nash and Young, von Pink Floyd und Donovan – umfing mich. »Long Time Gone« und »Marakesh Express« hörte ich; Lieder die mich in eine Zeit der Träume von einer anderen Welt davontrugen.

Ich gab mich der Sonne hin, lag lange im Sand. Sie brannte nicht mehr, sie wärmte sanft und behutsam. Inzwischen hatte sich ein breiter, bräunlich wabernder Streifen zwischen Torre und Strandende auf dem Wasser ausgebreitet. Beim Schwimmen wollte ich diese Schmutzbarriere gerne vergessen, ich schwamm weit aufs Meer hinaus. Aufkommende Wolkenberge trieben mich nach Sant'Angelo zurück. Ein kurzer Schauer überraschte mich beim Girasole. Letzte Sonnenstrahlen über einer regennassen Natur. Später noch in einem der Thermalbecken meiner Pension, unter einem Himmel, der neuerliche Gewitter erwarten ließ. Frischer Wind von Westen, fernes Wetterleuchten über der amalfitanischen Küste.

Beim abendlichen Weg zur Piazza holten mich erste, schwere Regentropfen ein. Zunehmend Blitze von allen Seiten. Ich eilte rasch wieder hoch zur Casa Garibaldi. Kurz darauf brach das Unwetter los. Franco, der Sohn des Hauses, rannte über die Terrassen. Er versuchte, Tische und Stühle zu bergen. Der Strom fiel aus, tiefe Dunkelheit, immer wieder von grellen Blitzen erhellt. Doch Luisa brachte Licht, sie stellte überall Kerzen auf. Mit leichter Hand schuf sie eine Atmosphäre von Wärme und Geborgenheit.

Unablässig umkreisen seitdem Gewitter die Insel. Wie ein

Raubtier, das von seinem Opfer nicht lassen will. Es immer wieder in Sicherheit wiegend, um dann desto heftiger zuzuschlagen. Und in all dem Spektakel singt Eugenio vom Terrassencafé gegenüber mit strahlender Stimme Arien aus Verdi-Opern.

Eindrücke eines Tages, dessen Ausklang ich alleine in der Glasveranda verbringe. Nachdenklich sinnend, träumend. Nach meinem Weg suchend für die vor mir liegende Zeit.

Der Herbst kündigt sich an

3. Oktober

Das Meer ist wieder leuchtend blau, nach dem Unwetter der vergangenen Nacht. Hier geht alles so schnell: das Sprechen der Menschen, ihre Bewegungen, der Wandel ihrer Stimmungen und Emotionen, der Wechsel von Freude und Trauer. So wie der Wind über dem Meer plötzlich wechselt. Harmlos scheinende Wolken können unvermittelt zu einem Sturm führen, der nach kurzer Zeit wieder einer milden Sonne weicht.

Einen heute gefährlichen Weg am Strand gehe ich, zwischen abrutschenden Steilhängen und hoher Brandung. Noch nie habe ich so gewaltige Wellen erlebt. Die Luft ist von ihrem Dröhnen erfüllt. Und von silbriger Gischt.

Dann eine beschwerliche Wanderung über die Berge zur Cavascura. Fußpfade mit tiefen Spalten und Abbrüchen zum Meer. Erfüllte Stunden an dem magischen Ort. Endlich bin ich wieder hier! Am Ende der Schlucht scheint Zeit sich auf wundersame Weise aufzulösen. Sie zerfließt, wie Licht und Schatten über den schroffen Gipfeln.

Am Abend im Ridente. Ciruzz‘ – heute in orangefarbenem T-Shirt und weitgeschnittenen, langen Shorts in verwaschenem Türkis – lehnt am Eingang. Er raucht und beobachtet das Geschehen auf der Piazza. Er zündet sich eine neue Zigarette an und wechselt zu einem weiteren Lieblingsplatz, der Steintreppe am Pescatore. Ich setze mich zu den Kartenspielern. Wie üblich schreien und gestikulieren sie. Und beruhigen sich dann wieder. Mit dunklen, meist unrasierten Gesichtern. Sie spielen nicht um Geld. Vielleicht liegt deshalb stets eine gewisse Heiterkeit über ihren Tischen, selbst wenn ab und an leidenschaftlich geschrien wird.

Über den Spielern an der Wand hängt das Bild von Giovanni, dem Fischer. Ein Mensch, ein Monument *senza motore*, in blauem Hemd, mit dickem, leicht gewelltem Haar. Mit von Sonne und Wind zerfurchter Stirn. Mit Armen und Händen, die sich wie Schiffstaue über dem Körper verschränken. Und am linken oberen Rand die Inschrift: »Per il grande maestro di pesca Giovanni – di Ernesto«. Geschrieben, eher gemalt in sorgfältigen, braunen Druckbuchstaben von Ernst Bursche, von »Don Ernesto«, wie ältere Einheimische ihn noch immer voller Hochachtung und Zuneigung nennen.

Der Herbst kündigt sich an. Die Menschen hasten über die Piazza, über den Damm zum Torre. Noch vor wenigen Tagen flanierten hier Ischitaner und Neapolitaner. Sie freuten sich über den Heiligen Michael, den sie ehrten, dessen Messe sie andächtig lauschten. Gäste, die sich der milden Luft hingaben. Heute scheinen sie zu fliehen.

Aniello, der Fischer

4. Oktober

Alte Männer sitzen auf der Piazza um Tische mit blauweiß gestreiften Decken. Ciruzz' fährt zum vierten Mal den ältesten Sohn der Familie des Ridente im Rollstuhl um die Häuser. Massimo, der stets braungebrannte Apotheker, hat die Eisengitter heruntergelassen und geht, nach allen Seiten freundlich grüßend, am Pescatore und Conchiglia vorbei. Peppino von der Tavernetta, unablässig Zigarren rauchend, schlendert seinem abendlichen Aperitif an der Bar des Ridente entgegen. Aus einem alten Fischerhaus am Hafen wehen Mandolinenklänge vom ewigen, Liebe und Sonne verheißenden »Napoli« herüber.

Was für eine kleine Welt, die mir begegnet. Ist dies das wirkliche Leben von Sant'Angelo?

Kahlköpfige Männer sitzen im Kreis, erzählen sich Geschichten. Während einer redet, schweigen die anderen. Wie sehr mich dies immer wieder fasziniert: der wort- und gestenreiche Auftritt des Erzählers, die sichtbare Anteilnahme der Zuhörer – gebannt folgen sie jeder seiner Äußerungen. Oft sitzt auch Aniello unter ihnen, der kleine Mann mit den abstehenden Ohren, den ich heute vermisse.

Zuweilen treffe ich ihn schon sehr früh am Morgen, noch schläfrig in die sanfte Sonne blinzelnd. Ab und zu im Gespräch mit Fischern über den Fang der letzten Nacht.

Oft um die Mittagszeit, wenn die Sonne am Platz keinen Schatten mehr zuläßt, ruht er breitbeinig mit nackten Füßen, in ausgewaschenen kurzen Hosen und Hemden, auf einer der Bänke vor den Taxibooten zum Maronti-Strand. Und er scheint mit geschlossenen Augen in die Sonne, auf das Meer hinauszuträumen. Von den Winden vielleicht, von gefüllten Fischnetzen, von der Gischt der über sein kleines Boot schlagenden Wellen. Von der Stille, die er so sehr liebt.

Stets ist er am frühen Abend auf der Piazza anzutreffen, vor der Ankunft der Gäste. Dann sitzt er, je nach Lust und Belieben, im tiefen Schatten am Eingang zum Ridente oder auf der anderen Seite des Platzes, in einem der breitausladenden Korbsessel vor der Tavernetta. Dort sitzt er dann im späten Sonnenschein. Er wirkt hellwach, auch mit geschlossenen Augen. Er blickt mal ernst, mal eher mürrisch. In Augenblicken huscht ein verschmitztes Lächeln um seine Augen und schmalen Lippen: wenn ein Fischer, ein Taxibootfahrer, einer der Gäste ihn grüßt, zuweilen leicht seine Schultern streift oder gar seine auffallenden, »geliebten« schwarzen Ohren berührt.

Und er scheint in Gedanken auf große Fahrt zu gehen. Breitbeinig auf seinem kleinen Boot stehend. Hinaus aufs Meer, Capri entgegen.

Malerisches Forio

5. Oktober

Heute bin ich auf Spurensuche, das alte Forio will ich entdekken. Ich schlendere durch das früher bei Künstlern beliebte Städtchen. Die Schriftsteller Terence Rattigan, Wystan Hugh Auden und Truman Capote, Elsa Morante und Ingeborg Bachmann lebten hier, auch die Regisseure Lucino Visconti und Pier Paolo Pasolini. Die Komponisten William Walton und Hans Werner Henze. Und Maler wie Eduard Bargheer, Ernst Bursche, Renato Guttuso, Aldo Pagliacci.

Die zinnenbekrönten Torrioni geben dem teilweise orientalisch wirkenden Ort ein unverwechselbares Gepräge. Reich geschmückt sind Kirchen und Kapellen. Zu beiden Seiten der Flanierstraße Corso Umberto enge Gassen mit Winkeln, die mich verzaubern – wie die Maler, die einmal hier arbeiteten. Zum Teil verfallende Paläste mit wehrhaften Mauern, mit Loggien und Außentreppen, mit kunstvollen Toren und stillen Innenhöfen. Dazwischen kleine Parkanlagen und Gärten mit Orangenbäumen, die einer zweiten Ernte entgegenreifen. Trauben, Nüsse und Mandarinen. Welche Fülle an Früchten und Natur! Spät blühende Blumen. Ein letztes Aufglühen, schon gebrochen vom Verwelken und Sterben im Herbst, vom nahenden Winter.

Überall ist Abschied. Das Licht hat seine sommerliche Wärme verloren. Die Konturen von Bergen und Meer, von Häusern und Pflanzen werden scharf. Die Farben werden tief und leuchtend. Sie zerfließen nicht mehr in der flirrenden Hitze der Tage, wenn die Sonne im Zeichen des Löwen steht.

Während ich über dem noch immer tobenden Meer auf der alten Uferstraße von Forio der Wallfahrtskirche Soccorso entgegengehe, ballen sich von neuem Wolken über dem Wasser zusammen. Einen langen Abend verbringe ich im Restaurant Umberto a Mare, hineingebaut in die Uferbefestigungen um die kleine, dennoch mächtig wirkende Kirche. Die Wolken treiben nach Norden, Mondlicht bricht sich breite Bahnen über dem Meer. Stunden mit köstlichem Essen: Inselwein und *bruschetta, spaghetti a vongole e con gamberi, scaloppine al limone* und zum Abschluß ein *caffè*, süß und stark.

Nach der Heimfahrt mit einem Inselbus endet der Tag still, doch winddurchweht im Garten meiner Pension. An einem Tisch, über den sich vom Schirokko eine feine Schicht roter Wüstensand gelegt hat. Und ich denke an die »Helden der Berge«, die mich so oft schon hierher, nach Sant'Angelo, gefahren haben...

Helden der Berge – nächtliche Begegnung

Helden der Berge sind sie alle. Und alle scheinen sie unfehlbar, sicher, voller Kraft, voller Eleganz und Leichtigkeit, während sie ihre Busse in Gang setzen und lenken. Mit weit ausgebreiteten Armen nehmen sie hinter den riesigen Lenkrädern Platz, diese dunkelhaarigen, oft schnauzbärtigen Männer. Und rasch haben sie ihre gewaltigen Fahrzeuge dann hoch hinausgefahren auf den schmalen, kurvenreichen Straßen durch die Dörfer, in die Berge.

Dörfer im Wind, in der Gluthitze des Sommers, in den Nebeln und Stürmen des Winters. Fahrten von Porto über die Berge nach Barano. Jenem noblen Ort voller Musik mit internationalen Künstlern im Sommer, einem Dorf inmitten von Hügeln und Weinbergen, von Obstgärten und schroffen Felsen. Mit seiner Piazza San Rocco und seinen sonnengebleichten Palazzifronten aus dem 18. und 19. Jahrhundert. Vorbei an Eukalyptusbäumen, an Palmen, an Bougainvilleen und Pinien. Vorbei an abbröckelnden, schiefen Häuserfassaden und blumengeschmückten Heiligenbildern. Über Viadukte, die wilde Schluchten überqueren.

In der Nähe der Nitrodi-Quelle, um die sich viele wundersame Geschichten ranken, dann Buonopane mit seiner »Ndrezzata«, einem ursprünglich vermutlich sarazenischen Kriegstanz: dem Stocktanz der jungen Männer mit Flötenbläsern und Tambourinspielern. Alte Männer sitzen im Schatten von Bäumen. Oleandersträucher und Büsche von Schafgarbe und Kamille. Winden in Weiß und Blau an den steilen Hängen, das silbrig glänzende Grün von Olivenbäumen. Üppige Farne an den kurvenreichen Straßen nach Fontana und Serrara, den höchstgelegenen Orten der Insel. Eine atemberaubende Durchfahrt in Serrara zwischen der Pfarrkirche S. Maria del Carmine, dem Glockenturm und einem Palast aus dem 18. Jahrhundert.

Inselarchitektur in Terrakottafarben. Bauernhäuser mit geschwungenen Außentreppen zum ersten Stockwerk. Einsam gelegene Höfe – hier scheint die Zeit stehengeblieben. Mit Kindern, die im Schatten spielen. In der Ferne ein Schäfer, auf den Höhen von Calimera lebend. Letzter Vertreter einer aussterbenden Zunft. Und diese immer neuen, dramatischen Ausblicke übers Meer.

Dann das Dorf Ciglio: eine alte Bergsiedlung; »über dem Abgrund hängend« – wie der Name sagt. Vereinzelte, archaisch wirkende Behausungen in Tuffstein, grauen Burgen gleich. Hoch aufgeschichtete Weinbergmauern. Feigenkakteen, Aprikosenbäume und Bambuswände. Und Straßen, die sich den tiefliegenden Dörfern entgegenstürzen.

Vor einigen Tagen nahm ich in Casamicciola für die Rückfahrt nach Sant'Angelo den Bus. Ich hatte dort ein Konzert mit jungen Künstlern aus Rom und Neapel erlebt. Sie hatten Vivaldi und Mozart musiziert. Und einen frühen Beethoven. Ein erlesenes, hinreißend interpretiertes Programm. Das Publikum in dem heißen, stickigen Raum applaudierte kurz, aber enthusiastisch.

Voller Glück verließ ich den Ort, war während der Fahrt noch immer erfüllt von der Musik. Plötzlich wurde ich aufgeschreckt: Ein Kontrolleur wollte meinen Fahrschein sehen. Zwei davon hatte ich für den Tag gekauft. Bei der Dunkelheit im Bus hatte ich den falschen, bereits entwerteten nochmals gestempelt.

Meine in gebrochenem Italienisch vorgebrachten, eher gestammelten Erklärungen für die ungestempelte Karte fegte der schwarzhaarige Mann mit einer verächtlichen Handbewegung beiseite. Kein noch so begründeter Irrtum wäre für ihn akzeptabel gewesen. Zum Bezahlen eines erheblichen Strafgeldes forderte er mich auf. Kein noch so bemühtes Erläutern meines Mißgeschicks galt bei dem gestrengen Herrn – mit einer

Miene, die schlimmste Schuldgefühle auch bei gänzlich Unschuldigen zu wecken vermochte.

Ohnmächtig fühlte ich mich angesichts einer Situation, die meine ohnehin spärlichen italienischen Sprachkenntnisse nicht hatten retten können. Ertappt fühlte ich mich, schuldig ohne Zweifel. Und ich hatte nicht genügend Geld bei mir. Achselzuckend gestand ich dies dem unerbittlichen Kontrolleur. Und nun nahm die Tragödie der Nacht vollends ihren Lauf. Er bestand auf Strafe und Zahlung. Und so begaben wir uns nach Erreichen der Busendhaltestelle von Sant'Angelo auf den Weg: über den »Eselsplatz« die via Madonnella hinauf zu meiner Pension.

Ich ging schnell, suchte immer wieder das Tempo zu verschärfen. Doch sofort beschleunigte auch der dunkelbärtige Mann im blauen Jackett seinen Schritt. Durch nichts, keine noch so große Temposteigerung an einem der steilen Wegstücke war er zu beeindrucken, gar ins Hintertreffen zu bringen. Und so trafen wir schließlich nahezu gleichzeitig in der Pension ein, beide in Schweiß gebadet.

Keinerlei Fragen zwischen uns standen mehr im Raum: Das Geld mußte her! Ich brachte aus meinem Zimmer den geforderten Betrag auf die Terrasse. Und in Sekundenschnelle brach all die so vollkommen unsüdländische, geradezu preußische Strenge des Kontrolleurs zusammen. Eine große Last schien von dem längst von mir bedauerten Menschen zu fallen. Es war bereits um Mitternacht, als er zu lächeln begann. Er reichte mir seine Hand. Erleichtert, auch gerührt von dem guten Ende der Geschichte, bot ich dem Mann noch ein Glas Wein an. Dankend lehnte er ab. Plötzlich hatte er es sehr eilig. Mit einem knappen »buona notte« entschwand er in die Nacht.

Während ich ihm hinterherblickte, sah ich sie erneut vor mir: die Busfahrer hinter den riesigen Lenkrädern. Diese kraftvollen Männer, die mich so oft schon sicher nach Sant'Angelo zurückgebracht haben. Und sie versöhnten mich, kurz nach Mitternacht, dann gänzlich mit dem unerbittlichen Herrn Kontrolleur – die Helden der Berge.

Beim Masseur und Da Peppino

6. Oktober

Am frühen Morgen höre ich das Grollen von fernen Gewittern. Der Blick durch die Tür zur Terrasse ist atemberaubend. Ein breites Band fahlen, schwefelgelb-grauen Lichts schwebt über dem Meer. Dazwischen die aufgehende Sonne. Eine Scheibe ohne Licht, ohne Kraft. Dicht darüber grauschwarze Wolken, durchzuckt von Blitzen. Wenig später entlädt sich neue Naturgewalt.

Und dann kein Schirokko mehr. Ich spüre zunehmend frische Winde von Westen, die immer neue Wellenberge auftürmen, gegen die Felswände bei Cavo Grado treiben und sie dort brechen lassen. Immer wieder, bis in die Nacht, rollen sie bei gleißendem Mondlicht an.

Der Tag hatte mit einer Massage bei Franco begonnen. Er ist groß und schlank, mit schwarzem Haar und dunkler Haut. Zuweilen ist er verspielt wie ein junger Hund. Ein leidenschaftlicher Sänger von neapolitanischen Volksliedern, auch von Meßgesängen. In seiner Kindheit war er Meßdiener, wie er mir einmal erzählte. Während Franco singt, arbeitet er konzentriert und einfühlsam. In den Räumen auch immer seine aparte Frau dabei, die einen vorzüglichen Espresso zu bereiten versteht.

Stunden am Meer voller Licht und tosender Brandung. Gischt weht über den Strand. Ein Tag reich an ungebrochener, wilder Natur. Ein Tag auch, der mich zunehmend etwas vermissen läßt. Vielleicht sind es die Menschen, bei denen ich ein Gefühl von Nähe erleben kann. Sant'Angelo wird nun mit jedem Tag stiller, auch einsamer.

Im Da Peppino am Torre treffe ich nur wenige Abendgäste. Aber die Familie von Teresa und Orazio ist heute vollständig beisammen. Zwei hübsche Töchter und der Sohn mit dickem, lockigem, schwarzem Haar – offenkundig des Vaters ganzer Stolz. Alle, so will mir scheinen, werden von der Mutter lautstark, aber liebevoll geführt.

Teresa ist unentwegt in Bewegung. Ihr Gang, ihre fantasievolle Kleidung in schier allen erdenklichen Formen und zuweilen kühnen Farbkombinationen. Eine Frau, die herrlich lachen kann. Die aber auch alle Formen von Ernst und von Trauer auszudrücken vermag. Augenblicke später dann singt sie erneut ein leicht frivoles Lied aus ihrem Dorf oder dem nahen Napoli. Mit einer heiseren Stimme, die in Erinnerung bleibt.

Denn so ist Teresa: Wild und zugleich verführerisch sanft ihre Lieder singend, betritt sie die Bühne. Mit dunklen Augen ergreift sie Besitz von den Gästen. Auch mit Ankündigungen all der köstlichen Gaumenfreuden aus der Küche. Sie genießt die Sekunden der Eroberung. Doch aus den Augenwinkeln hat sie längst neue Besucher erspäht.

Auf dem Heimweg bleibe ich noch ein wenig an der Mauer des Ridente. Schweigsame Menschen kauern sich bei der kühlen, feuchten Luft in die Nischen des alten Gebäudes. Im Osten Blitze über Capri und der amalfitanischen Küste. Der Torre im Mondschein, voller Ruhe und bedrohlicher Größe. Verlassen liegt die Piazza. Kurz nach neun Uhr kaum mehr Licht. Wind über den gepflanzten Bananenstauden vor der Tavernetta. Ein einzelnes Fischerboot, das ins Meer ausläuft.

Karl Schneider. Blick auf Sant'Angelo und Torre, 1985,
Federzeichnung und Tusche

Rückkehr des Sommers – das Parco Termale Tropical

7. Oktober

Strahlendes Licht in Fülle. Der Sommer scheint noch einmal zurückgekehrt mit all seinem Reichtum. Nur das Meer trägt noch Spuren der letzten Stürme. Doch der Sand trocknet rasch.

Es sind die Wochen, in denen die noch verbliebene Wärme des heißen Sommers und die Kühle des nahenden Herbstes miteinander ringen. Sichtbar, auch hörbar. Der Ausgang dieses Ringens ist schon immer entschieden. Und doch leben viele Menschen in dieser Zeit noch mit dem Gefühl, vielleicht auch mit dem Wunsch, der Sommer werde nicht mehr enden.

Meine letzten Tage im herbstlichen Sant'Angelo – heute verbringe ich den Vormittag bei Dolly in ihrem Salon. Erwartungsvoll lächelnd, empfängt sie mich mit aufeinander getürmten Fotoalben und mit Büchern voller Notizen über ihre Gäste während der zurückliegenden Jahrzehnte. Auf einem Sofa sitzend, beginnt Dolly zu erzählen... Wie reich ist ihr Leben! Und mir wird bewußt: Wie wenig weiß ich noch immer davon.

Am Nachmittag besuche ich das Parco Termale Tropical, über dem Ortseingang von Sant'Angelo exponiert auf einem Felsplateau gelegen. Die über die Anlage verteilten Thermalbecken tragen die Namen von Blumen: Magnolien, Geranien, Bougainvillea und Oleander. Im Rosengarten finden gelegentlich Konzerte junger Künstler statt. Ein sehr gepflegtes Bad mit angenehmer Atmosphäre, das auch um die Jahreswende geöffnet hat. Schwimmen unter winterlicher Sonne – ein Traum, den ich mir bald erfüllen möchte. Die Ausblicke auf den Torre, den ältsten Teil von Sant'Angelo, die Felsenküste, das Meer bis Capri sind von hier überwältigend.

Ich erlebe diesen Tag wie einen Traum. Die schweren Gewitter sind vergessen, vom Licht beiseite geschoben. In Gedanken bin ich bei meinem inzwischen verstorbenen Freund Karl Schneider.

Mein alter Freund

8. Oktober

Ein früher sonniger Morgen, dann ein Licht, das sich langsam bleiern und grau über den Tag legt. Ich fühle mich müde. Dennoch wandere ich zur Cavascura. Die Schlucht ist dunkel und feucht, gegen Mittag drückend heiß. Ich habe andere Erinnerungen an diesen Ort.

Am Abend gehe ich über den Friedhof, zwischen den Gräbern, vorbei an matt leuchtenden Lampen. Lange bleibe ich am Grab meines Freundes stehen. Ich lese die Inschrift auf seiner von Efeu überwucherten Keramiktafel:

Betrachten sollst Du dies veränderliche Sein
als wär's ein Traum.
Wär's Schnee der in der Sonne schmilzt.
Als wären's Blitze die verlöschen
eh Du recht geseh'n.
Als seien's Schatten
die an Dir vorübergeh'n.

Worte von Shankara, einem indischen Philosophen um 800 n. Chr. Geistig nahe dem Menschen, der hier begraben ist. Nahe seinen Gedanken, seiner Seele – seinen Vorstellungen von einem ewigen Leben.

Dabei denke ich an unsere letzte Begegnung vor Jahren, wenige

Monate vor seinem Tod. Die ersten Tage nach meiner Ankunft hatten wir oft in langem Schweigen miteinander verbracht. Doch dann fanden wir endlich wieder zu einem angeregten Gespräch. Wir saßen in seinem Atelier. Alles wirkte spartanisch auf mich in dem schön gestalteten Raum: die spärlich aufgestellten Sitzgelegenheiten für Gäste; der lange, schmale, dunkelbraune Tisch, an dem er malte. Einziger Schmuck waren Bilder an den weißen Wänden. Seine Bilder aus einem langen Leben.

Carlo, wie die Einheimischen ihn nannten, saß aufrecht auf einem der geflochtenen Stühle. In verwaschenen, bequemen Hosen und einem Pullover, den er über alles liebte. Ein Mann mit ungemein starkem, in seiner Schönheit herausfordernden Profil. Mit zuweilen durchdringend blickenden, hellblauen Augen. Und mit langem, silbergrauen Haar.

Überraschend plötzlich war er wieder wach und präsent, mein geliebter Freund. Wir sprachen über das Leben, über die Einsamkeit, über das Alleinsein. Und über das Alter. Aber bei all diesen Themen, dem zum Teil grüblerisch verlaufenden Gespräch, waren es reiche Stunden. Wir hörten Musik aus den Anden. Musik mit traditionellen Strukturen und Rhythmen und darüber schwebenden Melodien. Musik von großer, ursprünglicher Klarheit.

Karl war erfüllt von wiedergewonnenem Leben. Nicht mehr so tief in sich versunken schien er mir wie in den Tagen zuvor. Er lächelte. Er wiegte den Oberkörper im Rhythmus der Musik. Er war ganz nah. Er reagierte auf jedes meiner Worte, war für alles offen, schien dankbar für unsere Begegnung.

Als ich sein Atelier verließ, sagte er mit leiser Stimme, daß ich der einzige Mensch sei, neben seinem fernen Bruder, mit dem er so sprechen, so vieles in dieser Weise erleben könne. Er sagte es beim Gehen. Und ich fragte mich: War dies ein Grund zur Freude – oder doch eher zur Trauer? Denn ich fühlte, daß dies unser Abschied war.

Mit meinen Gedanken noch immer bei meinem verstorbenen Freund, suche ich zu später Stunde die Mauer am Ridente auf. Samten ist die Luft. Der Sommer scheint einmal mehr zurückgekehrt. Aber morgen schon kann alle Herrlichkeit vorbei sein, denn weitere Stürme sind vorhergesagt.

Stille über der Piazza. Ich begegne nur noch wenigen Menschen. Ausgeprägten Individualisten. Zum Teil verwegen aussehenden, malerisch gekleideten Gästen, welche die Ruhe suchen. Carlo von der Tavernetta kommt herüber, heute abend in dunklem Hemd. Einen hellblauen Pullover hat er lose über die Schultern gelegt. Und Ciruzzë verläßt die Piazza. Er macht sich auf den weiten Weg zu seinem Haus in den Weinbergen.

La Mortella[16]

9. Oktober

Begegnungen mit Menschen, mit Natur und Musik der Insel – heute war es vollkommenes Glück. Am Fuß des Monte Zaro gelegen, zwischen Forio und Lacco Ameno, voller Zauber und Poesie: La Mortella. Wo soll ich mit dem Beschreiben meiner Eindrücke beginnen? Denn an dem Ort ist alles so reich. Auch der Herbst vermag nichts davon zu mindern, eher noch zu vertiefen.

La Mortella, ein subtropischer Garten in einem ehemals gewaltigen Steinbruch vulkanischen Ursprungs. Einer Natur abgerungen, die nach Wasser dürstete. Ein schöpferischer Mensch, der englische Komponist William Walton, und seine argentinische Frau Susana entdeckten diese Welt. Und gemeinsam mit einem großen Landschaftsarchitekten, mit Russell Page, schufen Susana und William ein Paradies. Einen »Ort der Myrte«. Mit Wasserbecken, Brunnen, Kanälen und Fontänen, die mich an die maurischen Gärten der Alhambra in Granada erinnerten. Mit einer Fülle seltener Pflanzenarten. Blüten und Farben und Düfte, die mich träumen ließen.

Steile Treppen aus Basalt, vorbei an Terrassen und Blumenwundern, führten mich immer weiter nach oben, hoch übers Meer, fern von dem alten Forio, der Seefahrerkirche Soccorso. Vorbei an einem kleinen thailändischen Tempel mit einem Teich voller Lotusblumen endeten sie schließlich vor Walton's Rock in bizzarer Umgebung.

Ich las Susanas Worte auf dem Granitfelsen:

Sing a song of praise beloved and revered Maestro
This rock holds his ashes
The garden he surveys
Russell Page designed
Together we happily brought it to life
Susana
»All bliss consists in this:
To do as Adam did« (Traherne 1637 – 1674)

Zurück auf die unteren Ebenen von La Mortella – zu Sir Waltons Stiftung, die für begabte Musiker eine begehrte Bühne bietet –, erlebte ich im Vortragssaal ein Konzert. Gemeinsam mit den Solisten betrat Susana Walton den Raum. Wie eine Königin erschien sie, in bodenlangem, schwarzem Kleid und kurzem, mattschimmernd-silbernem Jackett. Mit dickem, grauem Haar über Augen, die noch immer wie Sterne leuchteten. In vorzüglichem Italienisch hieß sie ihre Gäste willkommen, führte in das Programm ein, stellte die jungen Musiker vor. Sie geriet bei der Erwähnung ihres traditionsreichen Konservatoriums, des Conservatorio di Musica S. Pietro a Majella di Napoli, ins Schwärmen. Sie sprach von Bellini und Donizetti und anderen Komponisten, die dort gewirkt haben. Mit scheuem Lächeln folgten die Solisten der warmherzigen Einführung von Mrs. Walton. Und ich hatte das Gefühl, das Konzert hätte längst begonnen.

An eine »Suite per violoncello solo« von Bach, an die Variationen über das Thema »Judas Maccabeus« von Beethoven und schließlich an eine Sonate für Violoncello und Piano von Schostakowitsch hatten sich die Musiker gewagt. Der junge Cellist begann vorsichtig, sichtlich nervös. Intonationsprobleme machten ihm anfänglich zu schaffen. Aber Bachs Musik trug ihn davon, sein Ton wurde sicher und klangvoll. Er begleitete das differenzierte Spiel der Pianistin in »Judas Maccabeus« in anrührender Behutsamkeit. Und dann Schostakowitsch: Die Künstler fanden ganz zueinander, zur Musik. Und sie begannen zu lächeln.

Das sommerlich-festlich gekleidete Publikum zeigte sich nach den einzelnen Stücken dankbar, war begeistert. Kleine Kinder weinten immer wieder hingebungsvoll – besorgt von den Müttern nach draußen begleitet. Nach Konzertende, nach der letzten Zugabe traf sich Susana Walton mit den Solisten noch zu einem Plausch im Teehaus. Während sich bei den Musikern die Anspannung langsam löste, war die Gastgeberin ganz im Glück. Ihre schönen, schlanken Hände ergriffen die Teetasse, beschrieben das Erlebnis des Nachmittags, als ob sie nun selbst musizieren wollte. Ihre strahlend-dunklen Augen machten ihr Alter vergessen.

Als ich La Mortella verließ, begann ich zu begreifen: Ich hatte etwas Besonderes erlebt. Natur in überwältigender Vielfalt und Üppigkeit. Musik junger Menschen, die voller Liebe und Begeisterung waren, noch fern von professioneller Routine und Vermarktung. Und eine Frau, der etwas Unvergleichliches glückte: das Bewahren von Vergangenem, indem sie es mit neuem Leben erfüllte – mit dem Musizieren junger Künstler.

Halme im Nachtwind

10. Oktober

Nach windiger Nacht ein Morgen mit fahlem Licht über Capri. Bald darauf eine ungewöhnlich frühe Hitze. Meine letzte Massage bei Franco. Währenddessen habe ich mit ihm ein ernsthaftes Gespräch über Beziehungen, über Frauen, über das Lachen seiner Kinder, die für ihn alle Sorgen vergessen machen.

Eine Wanderung um die Mittagszeit führt mich noch einmal über die Berge, bis zum Ende des Maronti-Strandes. Herrliches Schwimmen im Meer. Mir wird bewußt: Erst im kommenden Jahr werde ich es wieder erleben. Starke Brandung wirft mich zum Strand zurück.

Nach einem schmackhaften Salat im Bagno Muga liege ich noch lange müde im Sand. Ich schlafe ein und wache frierend wieder auf. Über mir ein grauer Himmel. Kalter Wind von Westen. Unvermittelt eine matt scheinende, noch sanft wärmende Sonne.

Ein letzter Hauch von Sommer. Er flieht, so wie die Urlauber nun in ihre Länder und Städte zurückkehren. Die kleinen Strandbuden auf Stelzen, oft verwegene Eisen-Holz-Konstruktionen, werden geschlossen. Dicht gemacht gegen die Stürme des Winters.

Erinnerungen werden wach an meine erste Reise nach Sant'Angelo vor vielen Jahren, 1982 im beginnenden Herbst. Damals empfand ich nur Abschied: die früh hereinbrechende Dunkelheit neben immer neuen Gewittern und viele alte, oft gebrechliche Menschen. In diesen Tagen bin ich auch jungen Gästen begegnet, vor allem Österreichern und Schweizern, die am südlichen Licht teilhaben wollen. An dem Wind, der Sonne, den Farben der Natur, ihren Gerüchen, dem Meer.

Dennoch ist auch dies eine Zeit des Abschieds, wie sie nur jetzt erlebbar ist. Ein letztes Aufglühen der Farben. Eine letzte

Illusion, es könnte so weitergehen, da herrlich rotflammender Hibiskus noch immer blüht.

Lange nach Sonnenuntergang sehe ich Pampasgräser, die sich im Nachtwind wiegen. Verse von Paul Celan aus »Halme der Nacht«[17] kommen mir in den Sinn:

Stumm wie sie
wehn wir der Welt entgegen:
unsere Blicke,
getauscht, um getröstet zu sein,
tasten sich vor,
winken uns dunkel heran.
...
Halme, ihr Halme.
Ihr Halme der Nacht.

Tage im Herbst. Ich erlebe ein Sant'Angelo der Winde, der Dunkelheit, der zunehmenden Stille. Ich erlebe eine Zeit, in der – nach glutvollen Sommertagen, mit Stürmen an ihrem Ende – die Natur leise hinübergleitet. In eine Zeit mit graublauen Schleiern, noch immer voller Licht.

Anmerkungen 1-17

1 Der Zoologe und Schriftsteller Paul Buchner hat das bekannte Buch »Gast auf Ischia« (Prestel Verlag, München, 1. Auflage 1968) geschrieben, das seit 2002 auch in einer italienischen Übersetzung vorliegt (Imagaenaria Edizionzi, Ischia 2002). Mit reichen Informationen über die Geschichte der Insel, ihre Fauna und Flora, Archäologie und literarische Zeugnisse von Besuchern über Jahrhunderte. Sein Sohn, der Archäologe Giorgo Buchner, leitete als einer der Direktoren des weltbekannten Nationalmuseums in Neapel die Ausgrabungen der Griechenstätten auf Ischia, so der Nekropole in der Bucht von San Montano.

2 Ein 105 Meter hoher Bergkegel vulkanischen Ursprungs. Der Name »Torre« geht auf die Ruinenreste eines alten, sarazenischen Verteidigungsturms zurück. Vor mehr als tausend Jahren Zufluchtstätte und Kloster für Benediktinermönche, die den Kult um den Erzengel Sankt Michael auf der Insel verbreiteten. Zu Zeiten der Aragoneser-Herrschaft Beobachtungs- und Verteidigungsposten gegen Korsaren. Später dann, Anfang des 19. Jahrhunderts, verlor der Torre in den kriegerischen Auseinandersetzungen zwischen englisch-sizilianischen und französischen Flotten seine religiöse und militärische Bedeutung: Er wurde zerstört. Seit Jahren darf der Berg nur mit einer besonderen Erlaubnis der Besitzer bestiegen werden.

3 In dem Buch »Die Thermen der Cavascura. Auf der Insel Ischia« beschreibt Gino Barbieri Ursprung und Geschichte der Cavascura (Ediz. Biblioteca Privata »G. Barbieri«, Forio 1988).

4 Das Märchen ist erschienen in: Richard von Volkmann-Leander »Träumereien an französischen Kaminen« (Reclam-Verlag, Ditzingen 1973)

5 Inzwischen ist diese Saunahöhle nach einem schweren Winterregen verschüttet. Niemand weiß, wann man sie wieder frei schaufeln wird. Ich frage mich: Wer ist eigentlich interessiert daran? Was für ein Land, in dem solche Fragen mit einem Lächeln beiseite geschoben werden.

6 In dem Buch »Ischia – die vergessene Insel« (Christian Wolff Verlag, Flensburg, o.J.) schildert der deutsche Autor Edgar Kupfer-Koberwitz ein Jahr auf Ischia, das er dort unmittelbar vor Ausbruch des Zweiten Weltkrieges verbrachte. In farbenfrohen Bildern macht er eine Zeit erlebbar, die es so nicht mehr gibt. Das Buch ist nur noch antiquarisch erhältlich. Inzwischen ist unter dem Titel »Ischia. L' isola di menticata« eine italienische Übersetzung erschienen (2003 Imagaenaria Edizioni Ischia; Übersetzung Nicola Luongo).

7 Wegen der oft großen Trockenheit in den Sommermonaten wurden die Bewohner von Sant'Angelo ab Anfang der fünfziger Jahre für etwa zwei Jahrzehnte vom Frühjahr bis zum Herbst regelmäßig durch ein Wasserschiff, das Nave cisterna, versorgt. Seitdem erfolgt die Versorgung mit Wasser im Wesentlichen über eine Pipeline zwischen Neapel und Ischia.

8 Folgende Quellen liegen diesem Teil zugrunde: Tonbandaufzeichnungen der Gespräche mit Dolly Barricelli Ende Februar 1998 (ihre wörtliche Wiedergabe ist kursiv gedruckt), Tagebuchnotizen und Reportagen mit Diktiergerät sowie von mir gemachte Fotos. Sie halfen, die eigenen Notizen zu überprüfen.

9 In dem bebilderten, in italienischer Sprache verfaßten Buch »Un Mito« wird die Geschichte des renommierten Park Hotels Miramare von 1930 bis 2000 mit seinen illustren Gästen erzählt. Den Text hat Gino Barbieri geschrieben. (2002 im Eigenverlag der Familie Calise-Mattera erschienen.)

10 Stürme hatten in den vergangenen Jahren den Maronti-Strand immer schmaler werden lassen, zum Teil reichte das Meer bereits an die Felsen. Um ihn zu retten, wurden im Frühjahr 2002 umfangreiche Sandaufschüttungen vorgenommen. Dadurch hat sich auch der Charakter der Fumarole verändert. Das Erlebnis einer kleinen Bucht ist dem Eindruck eines breiten Strandes gewichen. Manche Einheimische und Gäste beklagen solche Eingriffe in die Natur.

11 Seit einigen Jahren ist mir auch dieses Gespann nicht mehr begegnet. Die »Zeit der Maultiere« scheint damit vergangen.

12 Via Madonnella ist, ebenso wie das hochgelegene Wohngebiet von Sant'Angelo, nach einer kleinen Madonnenfigur in den Weinbergen am Fußweg nach Serrara benannt.

13 Wie Michele Zunta, der Besitzer, mir erzählte, wurde das Hotel Conte 1932 die erste Herberge in Sant'Angelo. Damals stellten seine Großeltern im Haus neben Conchiglia, über der Bar Da Guido, Zimmer für Besucher zur Verfügung. Der deutsche Maler Minderop, später Gründer des gleichnamigen Hotels, war der erste Gast. Schriftsteller, Musiker, Theaterleute und vor allem Maler sollten folgen, blieben hier oft für Monate. Bilder von Ernst Bursche und anderen Malern sind hier zu finden, auch von Ulrich Neujahr, der sich bereits 1931 in Sant'Angelo aufhielt.

14 Sant'Angelo d'Ischia – Geschichte, Impressionen, Poesien. Herausgeber: Nuova Associazione Amici di S. Angelo. 1995 in italienischer und deutscher Sprache erschienen.

15 Die Münchner Journalistin Brigitte Jeremias hat unter der Überschrift »Senza motore« in der Süddeutschen Zeitung vom 13. Oktober 1975 aus Anlaß seines plötzlichen Todes einen einfühlsamen Beitrag über Giovanni geschrieben.

16 In dem mit historischen Aufnahmen versehenen Buch »pot pourrí« (Fondazione William Walton, La Mortella) erzählt Michael Aston das Leben und künstlerische Schaffen von William Walton. In einem weiteren Buch (ebenfalls von der o.g. Stiftung herausgegeben) beschreibt Susana Walton den berühmten Garten von La Mortella.

17 »Halme der Nacht« ist u.a. enthalten in: Paul Celan »Mohn und Gedächtnis«, Deutsche Verlags-Anstalt, Stuttgart/München 2000.

Kurzbiographien der Maler

Ernst Bursche (1907 – 1989)
1907 in Carlsberg/Oberlausitz geboren. Nach einer Ausbildung als Lithograph ab 1927 Studium an der Kunstgewerbe-Akademie in Dresden. Von 1930 an Meisterschüler von Otto Dix an der Staatlichen Kunstakademie Dresden. Seit 1962 in Düsseldorf. Studienreisen führten ihn in die Schweiz, nach Frankreich, Spanien, Ungarn, Jugoslawien und die Sowjetunion. Nach einer ersten Reise 1958 nach Ischia lebte und malte Ernst Bursche von 1963 bis 1966 in Sant'Angelo, danach bis kurz vor seinem Tod 1989 in einem Landhaus in Forio. Seit 1934 zahlreiche Ausstellungen, u. a. in Dresden, Köln, Düsseldorf, Hannover, Nürnberg und Forio.

Hugo Kiessling (1910)
1910 in München geboren. Studium an der Akademie für angewandte Kunst in München und in Amsterdam. Studienreisen nach Holland, Belgien, Frankreich und Italien. Zahlreiche Aufenthalte in Sant'Angelo. Der Künstler arbeitete als Bildhauer (Bronzen, Holz, Keramiken), Zeichner und Aquarellist. Ausstellungen u.a. in München und Garmisch-Partenkirchen.

Hans-Peter Kirchpfenning (1928 – 1996)
1928 in München geboren. Nach dem Architekturstudium an der Akademie für angewandte Technik in München ab 1950 als Architekt mit den Schwerpunkten Innenarchitektur und Denkmalschutz tätig. 1964 Aufnahme in den Berufsverband Bildender Künstler. Von 1958 bis 1961 Studienreisen nach Italien. Regelmäßige Aufenthalte in Sant'Angelo. Ausstellungen u.a. in Taormina, München, Positano und Mykonos. Restaurateur und Sammler von antiken neapolitanischen Krippenfiguren und Putten. Der Maler starb 1996 in München.

Ulrich Neujahr (1898–1977)
1898 in Landsberg/Warthe geboren. Studium an der Technischen Universität und an der Staatlichen Kunsthochschule Berlin. Schon vor dem Zweiten Weltkrieg Reisen an die Mittelmeerküste, besonders von Frankreich und Italien. Ischia wurde ihm zu seiner zweiten Heimat – mehr als vierzig Jahre reiste er zum Malen auf die Insel. Befreundet mit den Malern Werner Gilles und Eduard Bargheer, lebte er nach seiner Pensionierung bis zu seinem Tod im Jahr 1977 vom Frühjahr bis zum Herbst in Sant'Angelo. Einzelausstellungen in Weimar und Berlin sowie Ausstellungsbeteiligungen.

Karl Schneider (1908–1994)
1908 in Leipzig geboren. Nach dem Architekturstudium von 1928 bis 1933 in Berlin arbeitete er bis 1972 als Architekt und Städteplaner in Hamburg. Viele Reisen durch europäische Länder und nach Südamerika. 1954 besuchte er Sant'Angelo und baute hier ein Haus nach eigenen Entwürfen. Seit 1972 bis zu seinem Tod lebte er nur noch in Sant'Angelo, um sich neben seiner Liebe zur Musik und Wissenschaft ganz der Malerei zu widmen. Ausstellungen u. a. in Sant'Angelo, San Sebastiano al Vesuvio und Perugia.

Aquarelle und Ölbilder der o.e. Maler befinden sich in Privathäusern, Restaurants und Hotels von Sant'Angelo und anderen Orten der Insel.

Verzeichnis der Bilder

Die in das Buch aufgenommenen Bilder sind Arbeiten von Malern, die vor allem in den 1950er und 1960er Jahren in Sant'Angelo lebten. Sie zeigen die Faszination, die von den arabisch anmutenden Häusern und Winkeln, vom Torre, von den Fischern und Bauern, den Maultierführern und Tavernenbesitzern ausgegangen ist. Einige der Bilder sind noch heute in Pensionen, Hotels, Bars und Restaurants zu sehen. Andere befinden sich in Privatbesitz und wurden mit wenigen Ausnahmen bisher noch nicht veröffentlicht.

Bursche, Ernst
Blick auf den Torre, 1959, Litho, 75,5/54
Giovanni, der Fischer, um 1965, Aquarell, 45 /63
Sant'Angelo, 1970, Aquarell, 42/60

Zeichnungen mit schwarzer Kreide:
Francesco, 1963, Matrose, später Taxibootfahrer 30/40
Maultierführer und Carritiere, 1964, 30/38,5
Giovanni, 1965, Weinbauer in der Cavascura, 33/44,5
Giovanni Maltese, 1967, Bauer, 29,5/39
Pietro-Paolo Stalino, 1967, Wirt der Taverne »Stalino« in der Cavascura, 29,5/39
Bauer, 1969, 25,5/39
Fischer, 1981, 30/41,5

Kiessling, Hugo
Sonntag in Sant'Angelo, um 1965, Federzeichnung, 30.5/42,5

Kirchpfenning, Hans-Peter
Giorgio, der Fischer, 1959, Aquarell, 46,5/38

Neujahr, Ulrich

Arabisches Viertel in Sant'Angelo, 1956, Mischtechnik (Aquarell/Tempera), 66/48
Sant'Angelo, 1956, Holzschnitt, 32,5/45,5
Pietro-Paolo Stalino, o.J., Holzschnitt, 15/21

Schneider, Karl

Sant' Angelo, Kleiner Hafen, 1962, Federzeichnung und Tusche, 51/39
Treppenaufgang zur Casa Schneider, 1968, Aquarell, 35,9/43,5
Blick auf Sant'Angelo und Torre, 1985, Federzeichnung und Tusche, 59/39,5